写给父母的第一本不尴尬性教育指南

[韩]卢河延　[韩]申渊淀　[韩]李水智　著
谢恭霓　译

北京联合出版公司
Beijing United Publishing Co.,Ltd.

只 为 优 质 阅 读

好
读
———
Goodreads

导语

与"性"亲近

假如我向父母请教性方面的问题,他们通常会如此回答:"等你长大就都懂了。"年仅9岁的我得到这种答案,会迫不及待地想要快快长大吗?

当然不会。我反倒因无法解除好奇心而感到十分懊恼。最重要的是,我感觉自己的提问令父母难堪。从某个瞬间开始,我不再与父母谈论性话题。这也意味着,我不再信任父母。

这不仅是我一个人的故事。除了身边的前辈和朋友,后辈以及我的学生们也都有过类似经历。长大之后,真的就会全部明白吗?

很遗憾,并非如此。我为大学生授课时,不具备基础性知识的学生比比皆是。有过生育经历的父母也是一样。很多人对网络误传的虚假信息深信不疑。

通过错误的知识,很难安全、平等地对待性。因为性不只是简单的知识,还与我们的情绪、关系密切相关,是社会文化的组成部分。错误的性知识与歪曲的性认知,会影响我们的日常生活。因此,性教育非常必要。因为性并非如我的父母所说的那般——"长大后自然就懂了"。

家庭性教育的必要性

在长大之后、获取错误的性知识之前,了解正确的性知识十分必要。人类通常会尝试以便捷的方式消除对性的好奇,如网络检索,但这种方式并不能保证性知识的准确性。

儿童主要通过家庭解决这种好奇心。家庭既是日常化的生活空间,也是自我与他人,即家庭成员共存的小社会。如果可以在这样一个既隐秘又开放的空间里健康地学习性知识,就再好不过了。

可以在学校接受性教育是非常不错的,不过这还远远不够。因为性是一个十分生活化的主题,在学校里不可能学得完整。学生遇到与性相关的苦恼,不可能随时都去找学校的卫生保健教师(在韩国,目前由卫生保健教师负责性教育)。即便可以去找保健教师,但因为教师需要管理全体学生,很难了解个别学生的问题并提供具体帮助。

生活中遇到了性问题,如果可以在生活空间,即家庭中得以解决,孩子就会认为"性是一件自然而然的事"。而且,孩子经过了家庭小社会的练习，也可以轻松面对其他人际关系。

家庭必须成为可以解决性问题与消除好奇心的安全场所。当然，性问题并非必须在家庭中解决。不过，当孩子遇到性问题需要帮助时，家庭依然是首选。

非常遗憾的是，很多家庭并未涉及性话题。当孩子产生性方面的好奇心或者遇到困难时，您有足够的信心可以坦然接受这个问题并且顺利解决吗？比如，孩子收到了朋友发送的色情照片而感到非常不快，并请求父母的帮助，作为养育者应该怎么办呢？如果正在上高中的子女想和异性朋友来一场两天一夜的旅行呢？阅读本书的大部分读者应该都遇到过这样的提问："为什么妈妈没有小鸡鸡呢？"您可以保证毫不慌张地做出说明吗？

父母可能很难做出满意答复，因为我们没有学习过应该如何对此进行说明。从古至今，性只是一个"自然而然就会懂"的领域。不知道该教给孩子什么，该教到什么程度，孩子甚至还会问一些连父母都不知道的问题。

各位家长不必太担心。只要根据孩子的性发育阶段着手准备即可。不懂就学，然后正确传授给孩子就可以了。很简单吧！人人都可以掌握这种简单的解决方法。不过，为什么家庭性教育这么难做呢？

性不是色情

家庭性教育难做，并非因为性知识的匮乏。很多家长因为难为情，经常无法妥善处理性方面的提问或者相关行为。给孩子买一本性教育书籍，希望以此解决所有问题。这种做法很容易导致与过去同样的后果，让孩子对性感到难为情，至少无法与家人一起探讨。

"性是一件自然而然的事情"，父母必须认同这一点。"性是危险而色情的"，开始性教育之前，必须改正这个错误想法。偶尔，还会有人说"性是美好而崇高的"，我并不想如此表达。性只是性。与身体有关的经历（譬如月经、性爱）、情感等，都是再正常不过的事情。

通过理想化的描述，把性刻画得很美好，其实是因为对性的恐惧。于是把性塑造为一种崇高的行为，以此对性敬而远之。我们感到肚子饿，或者疲倦入睡，会将其视为一件很美好的事情吗？暴食冷饮而引发头痛，我们会一本正经地深入探讨喜欢冷饮这件事吗？当然不会。

在我们过去的生活中，性一直是封闭而保守的，难免会谈性色变。现在，各位通过阅读本书，逐渐与性亲近吧。部分读者可能会有所顾虑，担心如果与性亲近，会在社会中做出一些不正常的性行为，或者随便与他人谈论自己的月经或性经验等。

性虽然是一件很自然的事情，却也是一种个人隐私。不轻易对他人讲出自己的性事，是为了守护彼此之间的界限。与性亲近，则是轻松地对待性，并将其视为日常主题。与性亲近的人，可以从容应对性方面的问题。

对性持一种坦然的态度，家庭性教育就等于成功了一半。遇到不懂的问题不要慌张，如实告诉孩子即可："爸爸也不知道，查查资料再告诉你。"千万不要像以前那样面露惊讶之色："你从哪里听来的？长大之后就懂了。"

放松地感受性，并非一朝一夕之功。我在从事性教育工作之前，也曾认为性是一件很特别的事情。如果想要放松、自然地感受性，首先要在日常生活中寻找性。性是一个很宽泛的领域，在生活中十分常见。

早晨起床后小便、出门前对着镜子化妆、谈恋爱、避孕的苦恼、睡眠勃起，这些都与性有关。我们在看电视剧时也能感受到性，因为大多数电视剧都与恋爱有关，也属于性领域。

性在我们的日常生活中随处可见，只要了解了这一点，就不会对性感到不适。因为性不是只会令我们感到危险或者不安。

性教育，应该从什么阶段开始呢

很多父母下定决心要对子女进行性教育，也做好了各种准备，却又产生了其他的困扰。现在是否适合开始做性教育呢？

不仅是学校老师，学生家长也经常会提出这种问题。"孩子现在接受性教育，是不是太早了？""还什么都不懂呢，会不会引起孩子不必要的好奇心呢？"等，大多数问题都与性教育的时间点有关。

性教育不属于学校的必修科目，缺乏相关信息，参考资料也不多，家长们必然有所顾虑。家长们尤为苦恼的是，该从什么时候开始对子女进行性教育。从结论上讲，性教育的时期没有一个固定标准。

各种性教育机构都会根据不同年龄段制定相应的性教育主题与指导原则。因为考虑到年龄与性发育的平均水平，各个阶段都有专属的必备主题。不过，这并不是绝对的。只要根据子女的兴趣与发育阶段进行合理应对即可。

当孩子对性感到好奇时，就应该进行性教育了。比如，女儿还没有月经初潮，却问出了有关避孕的问题，不要因为女儿还不到避孕期而回避这个问题，只要通过孩子可以理解的词汇进行说明即可。

谈到性教育的时期,很多人会说:"还早着呢。"因为大众普遍认为,性是成年人的事情。事实并非如此。孩子也是一样的,所有人生来与性相关。

我们自诞生的那一刻起,就遇见了性。因此,婴儿从落地的瞬间就可以接受性教育。其实,教给孩子洗澡的方法、进行排便教育、选择喜欢的衣服、训练独立入睡等,这些都是性教育,诸位早已身在其中。在此基础上,再添加一点内容,改变一下观念,各位父母也可以成为优秀的性教育老师。

为什么小学必须开始性教育

虽然性教育的时间点并不绝对,但最迟也必须从小学开始。家里有小学生的家长可能已经感觉到了,孩子对性的关注度急剧上升,主题与深度也与幼儿园时期非常不同。

不仅如此,当孩子进入青春期时,性发育也日渐明显。如此一来,怎么可以不做性教育呢?并且这时候的孩子会开始悄悄地关注异性,同时更注重自己的外貌。这是性价值观形成的关键阶段。

孩子的身体发生变化,难免会对性产生好奇。异性、身体、恋爱、性关系、怀孕、自慰、性表达等，孩子在这个阶段会对一切感到好奇。此时，家长务必传授给孩子正确的知识，帮助孩子解除好奇心。孩子解除了对于性的好奇，可以尽情地思考，就不会认为性是一件尴尬羞耻的事情。

小学阶段必须树立正确的性价值观。所谓健康的性价值观，是指不认为"性是肮脏的"，或者对此感到难为情。认识到性别平等，可以自主、光明正大地认识性。

健康的性价值观不仅与性态度有关，也与自尊心和恋爱观密不可分，会对成长产生不同程度的影响。约会、避孕、怀孕、婚姻生活等，性价值观在所有与性相关的领域都是十分重要的构成元素。

孩子看起来似乎真的长大了，有时却又依然略显稚嫩。不过，他们也会面对一些我们难以察觉的烦恼。孩子在与同龄人的相处中，真的会经历很多与性相关的内容。比如，听小伙伴谈起恋爱经历，或者第一次看到性物品（淫秽物品）。

千万不要认为孩子还小。为时未晚之前，必须开始性教育。孩子经历与性有关的新鲜事物时，必须立刻学习性知识。等到长大之后，这些道理很难重新阐释。

等到孩子小学毕业并进入青少年时期，还会面对更多复杂疑难的问题。到了那时候，父母就无法追着孩子为其逐一说明了。小学生尚且无法做到，更何况青少年呢？

当孩子遇到问题时,独立思考的能力十分必要。有平等、安全的性价值观做后盾,即可消除后顾之忧。这不是像数学公式一样可以死记硬背的领域,而是要通过细节教育与日常经验累积而慢慢形成。所以,从现在开始,就要树立正确的性价值观。

目录

Part 1　子女性教育，父母早知道

性教育，不必太担心	003
放松的态度很重要	005
人人与性有关	008
性教育不只是妈妈的责任	010
使用正确的名称	012
在性面前，人人平等	014
准确说明，把握尺度	016
性对话融入日常生活	018
尊重孩子的感受	020
严守界限	022
必要时求助专家	024

Part 2　青春期的须知事项

青春期是叛逆期吗	027
青春期的心理变化	030
青春期的身体发育	033
青春期派对	044
培养孩子对身体的正面认知	049
正确称呼"珍贵之处"	053
面对让人困扰的体毛	055
为什么会勃起	059
一定要做包茎手术吗	063
孩子貌似性早熟	065
一定要给儿子讲解女孩的第二性征吗	068

一定要佩戴胸罩吗	071
因为做了春梦，才会梦遗吗	076
如何迎接初经呢	080
月经不需要遮遮掩掩	085
女儿痛经很难熬	091
我是从哪里来的呢	095
孩子开始自慰了	098
没有怀孕，为什么要去妇产科	104
阴道炎	108
性病	111
宫颈癌疫苗非打不可吗	115

Part 3　如何向孩子科普性文化

家人之间的尊重	123
上小学的兄妹可以一起洗澡吗	126
对孩子的身体接触感到不适	129
孩子恋爱了	133

突如其来的吻戏	136
发现孩子在看色情内容	139
和孩子一起培养媒介认知能力	144
教孩子避孕会不会助长性行为	148
学生也要学习如何避孕	154
孩子撞见爸妈在……	159
爸爸有过性行为吗	163
不想让孩子在成年之前发生性关系	166
什么是性别平等	169
爸爸说,只有男人才能做警察	172
应该把女儿养得"像女儿"?	174
家庭中的性别平等教育	179
先有歧视,才有逆向歧视	184
性少数群体	187
孩子化妆了	193
孩子要减肥	197
孩子发表仇恨言论	201
随机聊天软件	204
堕胎	209

Part 4　保护孩子的安全，防止性暴力

只要感到不适，就是性暴力	215
他欺负我是因为喜欢我吗	220
学生也要接受约会暴力教育吗	223
什么是电子设备性暴力	230
"不行！我不愿意！"这种教育到此为止	234
保护自己不足以杜绝性暴力犯罪	237
家庭性暴力预防教育	240
如果孩子被指控为性暴力施害者	250
如果孩子是性暴力的受害者	255
孩子的朋友遭遇了性暴力	267
通过学校解决性暴力问题的方法	270
通过法律手段解决性暴力问题的方法	274
父母也要照顾好自己	279

附　录　性教育术语解读　281

Part 1

子女性教育，父母早知道

开始"家庭性教育"是一项不小的变化与挑战,做起来有点难,不过"家庭性教育"的影响力却超乎想象。在日常生活中实施性教育,可以提升家庭文化水准,改善同龄人之间的关系,进而影响整个社会。想要促成这种变化,充足的准备必不可少。父母与子女开始性对话之前,请牢记以下11项原则。

性教育，不必太担心

父母开始给孩子做性教育之前，光是想想就已经手足无措。性，是很多父母倍感压力的话题之一。谈到"性教育"，难免会心生顾虑。"我能做好吗？""讲什么，讲多少，讲到什么程度呢？"

不少父母把性教育想得过于复杂。我们没有学过，因此更加无从下手。其实，各位早已尝试过性教育。训练孩子排便、教孩子洗澡、表达爱意的同时传达身体的正面知识、帮助孩子独立入睡，这些都是性教育的组成部分。

我们虽然没有接受过理论教育，却通过亲身体验积累了相关知识。更何况，父母还具备任何优秀教育专家都无法比拟的优势：了解孩子的个性与经历。还有比因材施教更好的教育吗？

"我就是最合适的性教育专家！"父母与子女进行对话时，一定要充满自信。只要掌握了必备知识与正确方向，每个人都可以成为最好的性教育老师。时光荏苒，伴随着子女的成长，性教育老师还会升级为最贴心的朋友。因为，亲密感与信赖感是性对话的基础。

近来，越来越多的家庭开始尝试触觉游戏、美术游戏等专业教育领域。这些都曾被视为专家级别的教育,如今正在走进千家万户。

性教育又何尝不是呢?其中当然存在需要专家协助的部分,不过大多数问题都可以在家解决。把性教育当作子女教育的一课,以自身经历为基础,结合准确的知识,开始与孩子对话吧!重要的是,一定要消除性教育的心理负担。

放松的态度很重要

"苦恼性教育的内容之前,应该多考虑一下教育方式。"性教育中最重要的是什么呢?这便是我对这个问题的答案。不仅是性教育,所有教育都是如此,态度比内容更重要。

加州大学洛杉矶分校心理学系名誉教授艾伯特·麦拉宾(Albert Mehrabian)指出,语言只具备7%的传达效果,余下的93%均由非语言表达构成。如果父母对性话题感到不适,孩子也会在聆听中感受到这种情绪。父母说明性爱时的眼神、表情、手势等非语言因素自不必多说,使用的词汇也会传递这种感受。

一般来讲,儿童会在成长过程中逐渐对性感到好奇,向最亲近的成年养育者请教。"精子与卵子是如何相遇的?""什么是接吻?""为什么不可以看色情片?""性爱是什么感觉?爸爸试过吗?"此时,如果家长表现出来的非语言态度是负面的,孩子就会认为"原来不能谈论这些啊"。

就这样,性话题在家庭中逐渐消失,以后即便想要谈论,也会难以启齿。这是因为,性话题已在不知不觉中成为家庭禁忌。

那么,我们该怎么做呢?首先要改变自身的性态度。找一张纸，写一下自己对"性"的想法。开始性教育之前，父母有必要考察一下自己对性的感觉与想法。性是一个日常的话题吗？自慰是不健康的行为吗？月经是一件需要隐瞒的事情吗？对"性爱"一词感到不适吗？

一直以来，我们很难坦诚地谈论性话题，各种媒介也把性表述为一种色情且神秘的东西。我们成长于这种环境之下，自然会对性感到不适。

这种不适感分为两类：隐藏并否定的态度，美好而神秘的态度。

前者认为性是一种应当被压制与隐藏的"麻烦"，性快感是负面的，属于不可触碰的禁区。

后者则把性理想化，视其为一种十分美好的东西。很多人认为这是一种健康的性价值观。然而，这种理想化的态度其实是一种刻意包装，源于对性的危险判断。归根到底，依然认为性是一种不适的行为。

全面了解性，并轻松对待性的态度是第一位的。如果认为性很色情、很危险，只能从预防与保护的角度进行性教育。我们都有亲身体会，这种性教育是多么失败。

如果我们对性教育遮遮掩掩，孩子便无法安全、轻松地对待性。只有自然放松地感受性，才能对性有更多的思考。

如果认为性很危险，又怎么可能找到性教育的正确方向与合理方法呢？现在，是时候自然放松地谈论性，一起构建价值观了。

在我们的日常生活中，性随处可见。月经、恋爱、身体发育、性别差异，无一例外。"任何人都与性有关"，希望大家可以感受性本身，以一颗平常心来对待。

人人与性有关

我们每个人的存在都与性有关。各位读者自不必说,就连刚刚确认性别的新生儿、摘掉尿布不久的婴幼儿、刚刚出现第二性征的儿童、开始初恋的青少年、已经绝经的中年人、经历身体退化的老年人,任何人都不例外,每个人的存在都与性有关。

有时,性只是成年人的专属。在我们的社会中,青少年或者老年人的性,通常避而不谈。这种想法在我们的社会中根深蒂固。当子女表现出性举动时,父母理所当然的反应是:"小孩子懂什么!"如果子女表现出对性的兴趣,父母就会担心孩子是不是早熟。

年幼并不代表与性无关。腹中有了胎儿,我们最先关注的就是性别,所以才会翘首企盼确认性别的日子。各位已经认可了胎儿与性有关,那又为什么渴望孩子与性无关呢?

认为青少年与性无关,这种观点会妨碍与子女之间的性对话。如果不承认性的存在,就只会否认与性相关的行为。当孩子开始自慰、恋爱、对性乃至性关系感到好奇时,父母会想要以保护的名义控制一切。

现在,我们是时候抛弃这种保护、预防式的教育方式了。

认可我们的存在都与性有关，就会减少这种忧虑。我们不可能全天24小时监控孩子。

因无法实现的事情而战战兢兢，这可不是一个明智的选择。我们的教育不是告诉子女"不可做的事情"，而是应该培养他们自主思考判断的能力。教给孩子自由与责任，而不是控制他们。

虽然下定了决心，实践却可能会很难，也不容易接受。那就从教育的角度谈一谈吧。孩子对性感到好奇，是一件再正常不过的事情了。其实，这也是个人成长中的一课。对自己与他人的身体感到好奇并去探索，感受恋爱与性快感，对社会的不平等感到疑惑，进而关注社会。

孩子在成长过程中，一定会经历这个阶段，千万不要责怪他们。如果孩子表现出对性的关注，只要帮助他们消除这种好奇心就可以了。教育是以安全的方法帮助孩子解开疑问，而不是扼杀他们的好奇心。

性行为只要不妨碍他人，就不构成问题。性是一种自然而然的行为。如果发现了有问题的性行为，同样不要责骂孩子，而是应当提供帮助。与孩子开始对话之前，请先审视一下我们的内心。我们是否因为孩子的性举动而发过脾气呢？

我们的孩子都与性有关。同时，也会对性产生兴趣。认可孩子是一种有"性"的存在，才能进行科学的性教育。

性教育不只是妈妈的责任

参与子女教育的父母当中，男女比例如何呢？各位脑海中浮现出的答案，或许会是女性占绝大多数吧。没错，大部分家庭只有女性负责子女教育。我偶尔会接到这样的咨询："爸爸也能参加吗？"30个学员中只有孤零零的一名男性。这种情况真的很无奈。

强调女性带孩子的社会角色，便会认为性教育是妈妈的责任。于是，大众普遍认为家庭教育只是妈妈一个人的义务。采访结果显示，女性养育者会在与子女的日常相处过程中感受到性教育的必要性，男性养育者则不会。多数人会认为，"长大了自然就知道了"。性教育并不会随着时间流逝而无师自通。每个人都应该正确学习如何享受和对待自我与他人关系中的性。

"长大了就都懂了"，这句话很不负责任。这相当于放任孩子避开家庭，通过网络获取一些并不正确的知识。父母如果持有这种思想而不参与子女教育，或者认为性教育只是女性的义务，那现在是时候做出改变了。

家庭性教育需要所有养育者的参与。如果某个人单独负责性教育，孩子就会认为性没有那么稀松平常，而是一件十分特别的事情，偶尔还会有如下提问："儿子的性教育，爸爸来做更好吗？""女儿的性教育，必须由妈妈负责吗？"

"同性之间对话更方便"，这种偏见导致了这种行为。然而，性对话与性别无关。如果某个人负责性教育，孩子就会感觉对此难以启齿，十分不适。

有一次，我去一家"共亲职"团体讲课。父母、祖父母与教师共同参与了性教育。所有人一起接受性教育培训，并决定付诸实践。成长于这种环境的孩子非常令人期待，因为身边的大人实施了协同教育。不尴尬，不为难，在潜移默化中接受性教育。这是个例吗？答案是否定的。我们每个人当然都可以做到。

性教育是一个构建家庭文化的过程。如果所有家庭成员一起构建舒适的家庭文化，我们的子女教育就会变得更加安全，可以在家庭中分享更多与性有关的苦闷与想法。

这种教育方式还会成为孩子获取正确知识的窗口。发生性问题时，可以更快获取解决办法，将伤害最小化。现在开始，动员全家一起尝试一下吧！全家齐心协力，家庭文化就会开始发生变化。

使用正确的名称

"弟弟""妹妹""鸡鸡""小辣椒""私处""那个""那里"……

很多父母认为与性有关的表达难以启齿,所以使用自己专属的隐语进行性教育。还有人认为这是符合儿童发育过程的说明方法。果真如此吗?

我最近去幼儿园讲课,发现小朋友们真的认识不少恐龙。他们可以连续背出很多恐龙的名称,我听完甚至无法当场复述。小学生的英语怎么那么好?这和我的学生时代简直太不一样了。孩子们既然可以记住恐龙的名字,可以说出英语单词,也同样可以轻松记住阴茎、阴唇。

父母必须教给孩子正确的词汇。因为以隐语称呼性器官,会造成孩子对性器官的消极认知——因为性是一件害羞的事,是应该被隐藏的部分,所以才会以外号代称。

如果真的认为性器官是值得珍爱的部位,就要向孩子介绍正确的名称与功能,传授爱惜的方法。请像其他身体器官一样,同等对待性器官。眼睛、鼻子、嘴、阴唇、阴茎、阴囊,都是我们所爱惜的身体的组成部分。

有的父母会担心,如果教给孩子性器官的正确名称,孩子会不会到处跟人谈论性器官呢？这是另一个问题。不对他人提起，不向他人裸露，是与他人划清界限，即尊重问题。性器官并不是羞耻的奇怪部位。

这种遮掩委婉的表达方法，并不是性器官的专属。把月经神秘化，称之为"那天""例假""生理"等做法也是如此。月经其实是一种极其自然的生理现象，接近一半的人类都会经历。与月经有关的一次性卫生巾也失去了自己的名字，被称为"那个"。这些微小的习惯，都会使我们无法堂堂正正地享受性。

良好的性习惯始于对性的正确表达。那么，从今天开始使用正确的名称进行性教育吧！

在性面前，人人平等

平等在性教育中必不可少。性教育的目的是有助于安全放松地对待性。在不平等的关系中，无法轻松表达自己的诉求。恋爱关系中，一方对性更自由，另一方就要看脸色行事。这很容易带来控制、暴力的问题。如此一来，就会日渐远离安全放松的性。

父母应该为孩子培养一种平等的感觉，让他们可以健康地享受性。生活中经常听到的"因为是女人""因为是男人"之类的口头语，会养成性别固有观念，导致孩子被动顺从社会。男性与女性必须同等享有性的权利。

带有性别固有观念的教育，会剥夺女儿的自主性，造成儿子的暴力倾向。父母应该帮助孩子不被自己的性别所束缚，自由自主地享受性。

我们的家庭如何呢？我曾让学生们写下自己听到过的性别差异言论。"女孩的房间怎么这副样子？""别在外面待到太晚。""男人要有自信。""男人必须喜欢运动。"我们父母那一辈所说的话，至今仍然屡见不鲜，这一点非常令人震惊。"男人不能哭。""自古以来，女人就必须嫁得好。"

不妨回想一下，我们在家中是否依然会谈一些性别差异的话题呢？有的事情儿子可以做，女儿却不行吗？或者，有没有相反的情况呢？父母开始教育孩子之前，需要拿出时间回顾一下自己与家庭。我们的家庭真的平等吗？请务必好好想一想。

过去的性教育，性别差异太严重。我们的社会至今仍然保留一些性别差异的习惯。比如，预防性暴力的教育中，会告诫女性多加小心。这些都是失败的教育，我们不能效仿。

目前，平等已是理所当然的基本意识。不仅是韩国，性平等已是世界潮流。法律制度、媒体都发生了很大的改变。我们的子女成长于一个革新的社会，比我们这些成年人更能感受到平等。

父母进行性教育时，不应忽略平等观念。平等不仅是个人幸福，也是社会安全的重要影响因素。

准确说明,把握尺度

现在可以向孩子说明什么是性爱吗?如果家里有一个正在上小学的孩子,父母应该都听到过类似的提问。"孩子是怎么出现的?"这个提问比想象中简单,因为只要讲一讲精子和卵子的故事就可以了。用生物学就能解释,所以没有什么大问题。

不过,这通常会引发一个新的提问:"精子与卵子又是怎么相遇的呢?"此时,父母难免冷汗直流,十分尴尬,不知道该如何做出说明。"从大桥底下捡的""从肚脐眼钻进去的""送子鹤""送子观音"等说法应运而生。

前面我曾提到过,父母在性教育的过程中必须对性保持一颗平常心。止步于对性的价值判断,就会对性放松。不妨回顾一下前面所说的案例。

我们或许会认为性爱等于色情,只属于成年人,是一种无法用语言表达的消极而羞耻的事情。这种价值观会传达一种错误信息,因此性教育必须坦诚。有些事情,不是我们想要隐瞒就能隐瞒得了的。

坦诚?很多父母可能会十分苦恼,到底应该怎么解释呢?一心做好性教育,偶尔难免会做出一些不必要的解释。

父母如果苦恼应该解释到哪里，就只讲到孩子可以理解的语言解释的部分就可以了。同时，必须考虑到孩子的发育阶段与生长周期。根据孩子当前需要的、感到好奇的内容进行性教育。

比如，假如女儿正值青春期，即将迎来月经初潮，父母则不必解释闭经现象与困境。什么是青春期，应该如何度过；什么是月经初潮，应该如何迎接等，这类话题更加重要。最好的性教育，是根据孩子的发育阶段提供必要的信息。

"你知道妈妈生下你的时候有多么不容易吗？"如果孩子问起关于生育的话题，没有必要以此引起孩子对生育的恐慌。只把怀孕和生育看作一件美好的事情，当然也是有问题的，不过这是文化方面的内容，不是当下的教育话题。

父母在家庭中进行性教育时，消除孩子的好奇心是第一位的。此后，再集中观察孩子的反应，确认一下需要进行指导的部分，比如，是否还有其他疑问，是否对新知识感到恐慌等。

性对话融入日常生活

如果平时并不谈论性话题，某一天突然开始性教育，父母和孩子都倍感压力。这种感觉就像是，有人没有敲门突然闯进了自己的房间。同样，孩子想要对父母进行性方面的提问，或者分享自己的苦恼，也需要平时多一些相关内容的对话。

平时经常谈论性话题，有助于孩子确立性价值观。在一个安全的空间中，与值得信赖的对象进行性对话，可以培养性的安全感与积极意识。如果孩子确定任何时候都有人可以一起谈论性话题，一起解决性问题，就不会感觉性是一种危险、不适的事情。

从简单的事情开始着手。例如，在家庭活动中与全家人一起分享妈妈的月经周期，而不是只有妈妈自己知道。或者，童年的恋爱故事也不错。孩子会由此了解到恋爱是一种自然而然的行为，认识到感情的多样性。

有过一些性方面的对话之后，父母就可以开始谈论羞于启齿的梦遗、性爱等话题。给孩子讲讲爸爸的梦遗故事、妈妈的月经初潮经历，孩子就会开始思考自己该如何做准备。父母可以先讲述一下自己青春期所经历的外貌苦恼、与朋友的关系、恋爱心事等。等到逐渐建立起了信赖与亲密感、性对话的放松感，就可以谈论避孕与性欲、自慰等。

很多青少年通过性物品（淫乱物品）接触性爱。非法流通的媒体资料只把性爱描述为一种单纯的肉体游戏。笔者在此希望孩子们通过性物品学习性爱之前，可以在家庭中得到学习。

孩子通过与父母的对话，可以认识到性爱是一种平等安全的行为。预想性爱之后的感情悸动与身体变化，为性爱做准备。

不过，父母切忌突然开始讲述性爱。请先从孩子感兴趣的主题开始，循序渐进。积累了很多对话之后，才可以毫无负担地开始必要的话题。

尊重孩子的感受

性不仅代表肉体，也与我们的感受密切相关。因此，性对话的过程中会产生很多不同的感受与情绪表达。我们偶尔会觉得某种感受不妥，或者直接避而不谈。

在家庭中开始性教育时，父母与子女的感受同样重要。如何表达与接纳这种感受，有时会决定性对话的结果。曾有一个家庭初次尝试性教育，父母刚开始性对话，孩子就说"真丢脸，别问这种问题"。父母于是赶紧解释，性并不是一件羞耻的事情。此后的情节，不必说明也可以预料到吧？

初衷再好，说得再对，主观判断孩子的感受却是大忌。训斥，并不会改变孩子的感受与想法。

询问孩子产生某种感受的原因，这种方法也不可取。"你为什么会有这种感觉？"有的家长认为这种提问方式具有教育效果。询问对方的想法，可能会是一个不错的提问；询问某种感受的原因，却会使孩子突然失去对自身感受的确信，很难进行表述。

人产生某种感受，并不需要逻辑性依据。所有的情绪都是一种自发感受。"那样也是可以的。"请牢牢记住这句话。就算无法完全理解，也请想一下"那样也是可以的"。

只要接受孩子的感受，并进行整理说明就可以了。"哦，突然谈起性话题（或者个人话题）让你感觉不舒服了啊。"这一句话，可以有助于流畅地展开接下来的对话。

父母的感受，在性教育中同样重要。很多父母以养育子女为义务，由此克制或者忽略了个人感受。重视孩子的感受，父母的感受也同样意义重大。父母对子女的身体接触有负担，或者对某个提问感到慌张，都应该及时表达出来。

"嗯，这个提问妈妈不太好回答，有点儿慌呢。给我点儿时间思考一下可以吗？或者，我们一起找找答案？"

表达父母的自身感受，是性教育中的一个好办法。"嗯，爸爸第一次遗精的时候也觉得很羞耻。想想之后又觉得大家都这样，是一件自然而然的事情啊。以后就觉得没什么了。"

父母应该结合自身经验与感受，孩子更愿意聆听这样的谈论。

严守界限

不妨一起做个假设。地铁上的所有座位都空着,我们可以坐在自己喜欢的任何地方。大家会选择哪个座位呢?很多人可能都会选择边角的座位吧。

我问了一下青少年,他们选择了边缘的座位。理由多种多样:"有一侧没人,很放松。""可以靠着。""更宽敞,很舒适。"

这展示了一种界限。所有人自出生以来,即拥有心理、身体的个人界限(Personal Boundary)。就算未曾用语言表达过,任何人都具有这种界限敏感。

身体界限,顾名思义,是指身体方面的界限。不熟悉的人靠近时会感觉有负担,或者有人未经允许触摸自己的身体时我们会感到不适,这些感受均由身体界限而生。

那么,心理界限又是什么呢?就算没有侵犯物理性的身体界限,也可能会侵犯心理界限。有人注视着我们的身体,或者被人随意评价外貌、询问私人问题等,我们都会感到不悦。

性教育中的界限为何如此重要呢?

首先,这是孩子与父母之外的其他人处理人际关系的第一步。如果认为子女需要被教育,或者只是一种未成熟的存在,则孩子的界限由我们(或者其他成年人)来决定。孩子的界限由他人构建，很难意识到自己的感受与界限。

询问青少年曾经遭遇过的界限侵犯，有一个桥段必不可少。那就是，逢年过节时亲戚们强制进行身体接触或者要求孩子撒娇。"姨妈走啦，亲一下。"听到这种话，大家可以想象到孩子们摇头或者后退的样子吧！当时我们是什么态度呢？我们是不是会说："姨妈是喜欢你才这样的。""姨妈还买了你喜欢的礼物呢！"就算孩子表现出了对界限的态度，我们依然以"还是个孩子"为由，并未尊重他们。在家庭性教育中尊重界限，便是尊重一个人，与他的年龄和社会地位无关。

其次，界限可以培养快速感知危险状况的直觉，即可以敏锐地感知到有人侵犯了自己的心理、身体界限。如果界限被摧毁，即便其他人越界，也会毫无感觉，或者认为"这很正常"，就那么算了。然而，这可不是一个小问题。因为，这种想法会导致孩子无法从性暴力等性侵犯问题中得到应有的保护。

除了父母，其他家庭成员也要一起遵守才会更有效果。请抛弃"孩子是某人所有物"的观念，共同构建尊重的文化。这是我们的当务之急。我们的努力，可以培养孩子的自主意识，帮助孩子学会如何尊重、体谅自己与他人。

尊重界限，是在日常生活中可以实践的小变化，也是改变世界的第一步，进而构建一个任何人都能安全生活、受到尊重的社会。

必要时求助专家

再怎么优秀的父母,也很难回答性方面的所有问题,尤其是侵害问题。所以,这方面的专家很重要。性教育机构、性暴力危机中心、性咨询处等,很多地方都可以提供帮助。

父母不要独自揽下所有问题,必要时可以请求他人的帮助。不少父母认为子女的性提问十分微不足道,无法作答便敷衍了事。我们或许会很快忘记,提出疑问的孩子却会一直保持好奇,直到问题得到解决。向专家求助之后,哪怕晚了一点儿,最好也要给孩子一个答案。出现性问题时,需要适当的咨询与教育。甚至有的父母即使发现了同龄人之间的性暴力,依然会说"小孩子都那样,都是这么长大的",随便应付过去。我们发现问题时,必须妥善处理。从根源解决,进行必要的咨询与治疗,可以防止重蹈覆辙。小时候建立的性价值观非常坚固,长大成人之后,想要改变,需要更多的教育与经验。一定要及时帮助孩子,事不宜迟。

如果遇到难以独立解决的问题,不必苦恼,求助专家即可。专家掌握着充足的信息与方法,可以帮助大家。从琐碎的小疑惑到专业的法律问题,专家都可以提供帮助,请不要犹豫。

Part 2

青春期的须知事项

本部分将详细讲解有关青春期的内容。对于家中有小学生的父母而言，青春期是一个重要时期，很多父母却很为难，不懂该进行什么样的性教育，以及该如何应对。通过本部分的内容，我们可以了解青春期出现的状况和性教育的方法，重新认识青春期。

青春期是叛逆期吗

"如果我发点小脾气或者回答比较消极,其他人就会说我是青春期。"——12岁学生

"真希望青春期不要到来。听父母说,青春期可能不会来,可以直接跳过这个阶段。青春期很辛苦的。"——11岁学生

"你们怎么回事?青春期吗?"——五年级班主任

如何判断孩子已经进入青春期呢?我在授课时曾经问过这个问题,得到的回答十分有趣。"开始戴上耳机的瞬间。""关上房门,不知何时已经反锁。""不再听我的话了,有了自己的正确答案。"

各位也是通过类似的方法识别孩子的青春期吗?听到这些答案,我十分惊讶。因为这些表现很好地反映了青春期的心理变化与成熟状态。

以上这些回答的共同点是,孩子有了自己的"专属界限"。以前总是通过父母认识世界,现在开始寻找自己的观察方法。因此,他们为了划清界限,就会戴上耳机、关上房门,从亲密的亲子关系中分离出自己的空间、时间与想法,逐渐拓

宽界限。这个过程是实现心理独立的初级阶段，也是青少年发育期的必备功课。

到了青春期，孩子的身心都会发生变化。青春期是实现成长与成熟的时期。身体的变化显而易见，内心的成熟过程却很难察觉。因此，有必要正确了解和理解青春期。

孩子上了小学，青春期近在眼前，家庭氛围十分紧张吧？父母会去翻阅书本，渴望着孩子可以稍微"平静地"度过青春期。不论是迎接青春期的小学生本人，还是父母和老师，都把青春期看作一颗定时炸弹，不知何时会引爆而整日提心吊胆。我曾经问过小学生有关"青春期"的词语，得到最多的答案是"叛逆"。各位怎么认为呢？

叛逆、大喊、摔门、迷茫，这是媒体塑造的青春期典型形象。此外，我们还会称呼青春期为"中二病""小四病"。虽然只是一句轻松的玩笑话，不过真的可以这样称呼青春期吗？

语言创造文化，表达文化。把青春期当作一种病症，这种文化非但不是理解青少年，反倒是认为"本该如此"，关上了沟通的大门。其实，青春期的代名词——叛逆，取决于我们如何看待它。"叛逆"一词在字典里是指反对他人，并予以对抗的意思。我们可以通过"叛逆"的词义来理解青春期，了解该对此持何种态度。

如前所述，青春期是创建自己的专属界限，实现心理独立的时期，从而形成"自我"独立人格的身份认同。在这个过程中，孩子可能会与我们产生不同的意见。此时，如果我们把孩子看作一个独立个体，一个拥有自己想法的平等的人，而不是控制对象，叛逆就不再是叛逆。他们只是在表达不同意见而已。

把青春期当作一种疑难杂症，不就是因为孩子的言行不如父母所愿吗？主体不同，观点有异。现在是时候放手了。孩子的生活不该由父母规划管理，而是要让孩子学会自主选择。青春期便是这样的一个练习过程。

青春期的心理变化

"孩子最近到了青春期,稍微说他几句就闹脾气,真不得了。我还得看孩子的脸色。"——12岁孩子的父母

"烦躁,抑郁,和朋友们聊天很有趣,回到家就莫名其妙地发脾气。妈妈说我很奇怪,问我是不是青春期。有时候,我也觉得自己挺怪的。"——六年级学生

电影《头脑特工队》(*Inside Out*)形象地表现了青少年的青春期心理变化。片中的乐乐、忧忧、怕怕、厌厌、怒怒各司其职,协助主人公莱莉健康成长。例如,厌厌在莱莉第一次尝试陌生食物时,提醒她多加小心;怕怕在莱莉进行危险活动时,通过恐怖感让她停手。

我们通常认为,开心、幸福、爱等是积极情绪,恐惧、悲伤、忧郁、厌恶等是消极情绪。然而,情绪不分好坏对错,只是我们的感知与瞬间需要而已。所有的情绪对我们都是有意义的。

心理学家保罗·艾克曼(Paul Ekman)把人的基本情绪划

分为六种类型：快乐、悲伤、愤怒、恐惧、惊讶和厌恶。这与《头脑特工队》中登场的情绪角色十分相似。人的基本情绪与生俱来。伴随着青春期的到来，还会经历各种情绪交织的新情绪的诞生。我们称之为"复合情绪"（complex feeling）。

各位不妨回忆一下自己的青春期。有过情绪起伏严重的日子，也曾因为不知如何表达新情绪而备受煎熬。体会喜欢与爱的区别，领悟既喜欢又讨厌的复杂心理。例如，近期的流行词"爱憎关系"，表示喜爱与憎恶两种情绪的混合。我们很难对小孩子解释这种情绪。然而，随着青少年时期的情绪逐渐发展，经历过复合情绪之后，便可以轻松理解这种爱憎关系。

青少年时期感受到多种情绪，是一件极其自然的事情。不过，合理表达自己的情绪并非易事，需要足够的练习与经验。孩子练习如何成熟地表达自己的情绪与意愿，父母则需要练习如何等待。

为了练习的顺利进行，我们应该称青春期为"成长期"，即适应成长的时期，而不是叛逆期。

请告诉孩子，青春期可能会感受到各种情绪，偶尔还会遇到难以用语言表达的情况。引导孩子不要因情绪的对错而苦恼，还可以再讲解一下各种情绪词汇与表达方法。其实，比起逐一列举介绍，父母在平时率先示范使用多种情绪词汇为佳。

了解自己所感受到的情绪，这一点尤为重要。一味地无视和抑制情绪，某个瞬间就会毫无缘由地愤怒、大喊、落泪。想要控制情绪，进行健康表达，首先要认识情绪。通过情感日记回想自己的一天，写下当时的情绪。此时，可以尝试运用多种情绪词汇，寻找自己满意的表达。

认识了情绪，还要懂得如何表达，对吧？为了化解或者表达情绪，大家都试过哪些方法呢？如果感到忧郁或者心情复杂，我会去看画展。因为看画展有助于厘清思绪，寻找自己情绪波动的原因。偶尔也会邀请他人同行，一起聊聊自己的情绪。

日常生活中的言传身教，才是最好的教育。各位读者不妨与孩子分享一下自己的方法。"爸爸今天心里很乱，想出去散散心，你愿意一起去吗？"孩子可以从中领悟到以各种方式进行自我情绪表达的方法。

青春期的身体发育

"该给孩子讲讲青春期了,却又无从下手。"——9岁孩子的父母

"应该在什么时候进行身体发育的教育呢?"——10岁孩子的父母

青春期教育是初期性教育中最重要的一课,这种说法毫不夸张。如果孩子毫无准备地迎来身体的快速发育,难免惊慌失措,而且很难正面认识自己的身体。因此,在青春期到来之前,身体是必不可少的谈论主题。

青少年一般到了小学高年级就会经历第二性征。月经、射精、分泌性荷尔蒙,身体发生各种变化。因此,青春期身体教育至少应该提前一年开始。女孩在初经六个月到一年之前,就会开始出现阴道分泌物。由此可知,孩子很快就会迎来月经初潮。就算孩子尚未开始月经或射精,如果突然长高,父母也要着手准备身体教育了。

身体教育可以培养孩子对身体变化的期待感与积极认识。进行身体说明时,可以结合图片等视觉资料。偶有性教育专家建议父母在洗澡时向孩子展示自己的身体,同时进行说明。这

种方法不符合前面介绍过的"尊重个人界限"原则。运用媒体资料,远胜于把自己的身体当作教育工具。

那么,应该聊些什么内容呢?首先,由第二性征开始的信号——身高与体重开始切入会比较容易。如果适当结合父母的个人经历,对话会变得更加有趣。

"青春期到来,身体会开始发生变化,真的很神奇吧?爸爸妈妈也都经历过。快速长高,生出有力量的肌肉,还会增加脂肪来保护我们的身体。所以,体重也会增加。谁也不知道自己的身体会从什么时候开始发生改变。我们要做好迎接的准备!神奇的是,每个人身体变化的顺序也不一样。我们的身体会按照自己的意愿,依次发生某种程度的改变。因此,我们很有必要多多关注和爱护自己的身体。"

如果已经向孩子解释了身体发育是一种自然现象,是"成长"过程之一,现在就开始有条不紊地讲讲全身从头到脚发生的变化吧!

青春痘

脸上会出现什么变化呢?我们一定会立刻想到——青春痘!青少年时期皮脂腺和汗腺活动旺盛,皮肤下的皮脂腺不断制造皮脂,与汗液一起排出。青少年通常会称其为"油脂"。此时,如果皮脂分泌顺畅,不会有任何问题;如果毛孔堵塞,就会出现皮肤问题。这就是青春痘。

青春痘由青春期性激素分泌不均衡所引发。因此,大多数人在成年之后就会消失。青春期尚未到来的青少年,也会对青春痘充满担忧与负面认识。大多数人认为,青春痘是"不护肤""不洗脸"的后果。父母一定要告诉孩子,青春痘并不是清洁的问题,而是成长过程中的自然现象。不能取笑他人身体出现的问题,或者以此作为评价标准。在身体教育中,尊重永远是一个重要环节。

早晚用低刺激天然香皂认真清洗,青春痘部位会有所改善。挤压青春痘会留下疤痕,因此应绝对禁止。父母应该与孩子进行交流,必要时可以去皮肤科问诊。

"我们的身体会分泌皮脂以防止皮肤干燥,保持柔软水润。青春期到来之后,皮脂比平时更加卖力工作。这时,如果皮肤毛孔堵塞或者有细菌进入,就会长出青春痘。所以,早晚好好洗脸非常重要!如果长了青春痘,用手触摸会变得更加严重,只要安心等待就好。如果太痛或者过于烦恼,可以告诉爸爸妈妈,我们一起去医院请医生帮忙。"

汗液/味道/体味

"进入孩子的房间,味道太重了!不知道是不是因为是男孩子,不论怎么通风换气,总有股汗味或是什么独特的气味。"——五年级学生父母

"孩子运动并不多,头顶的气味却是……不知道会不会被同学嘲笑。"——六年级学生父母

我上高中时,每天坐区间车上下学。上学途中,女生先上,男生随后。我记得当时车厢里突然充满了男生的体味,呼吸十分不顺畅,下车后才能大口换气。放学时乘车顺序相反,不知道男生会不会有同样的感受。

青春期的身体变化之一就是汗液分泌与体味。我们的身体各处分布着许多汗腺,第二性征时期汗腺活跃,体味就会加重。尤其生殖器附近与腋下周围,会产生强烈的气味。不论男女,都会出现这种现象。

如果对气味十分烦恼,身体活动后经常洗澡,或者使用体香剂都会有所帮助。其实,在学校洗澡很不方便,换衣服的时间也不多。我们不免产生这样的疑问:学校设施与课程时间安排真的符合青少年的生活结构吗?言归正传,如果不方便洗澡,就用湿巾等其他便携型清洁用品擦一下出汗多的部位。

"我们的身体各处分布着汗腺，可以调节体温，对我们的身体很有益。任何人都会对汗味感到苦恼。这种情况下，可以经常清洗。如果不方便清洗，用湿巾擦一下身体也会很有效！每个人的汗量和汗味是不同的。排汗是一种身体自然现象，以此取乐是不尊重对方的表现。朋友可能会不懂怎么处理，你友好地为他说明一下也很不错啊！"

变声期

我们通常认为，变声是专属于男孩的第二性征。其实，变声与性别无关，每个人都会经历。声带受损是不可恢复的，在成长过程中管理好喉咙非常重要。

变声期短则两周，长则几年。如果嗓音发生改变或者变哑等，则很容易识别是变声期。不过，女孩没有明显的特征。有时会像感冒咽喉肿痛般，出现口渴或者疼痛、干咳等轻微症状。

识别变声期之后，必须比平时减少声带的使用。睡觉时用毛巾盖住喉咙保持温暖，多喝水也是不错的方法。如果长时间大声说话，声带可能会受损，请务必注意。

过了变声期，喉咙还会出现其他变化，那就是长出喉结。

大家都熟悉"小舌头"（悬雍垂）吧。其实，当我们发出"啊——"的声音时，嘴巴内侧悬挂的钟形器官就是悬雍垂，与喉咙的外部突起是不同的器官。

喉结与性别无关，可能突起，也可能不突起，情况因人而异，也会根据嗓音高低而有所改变。一般来讲，嗓音低则喉结突出。在变声期就喉结的说明中，很重要的一点是，这与性别无关，而且每个人的情况有所不同。

"身体发育，嗓音也会发生改变。有人嗓音细，有人嗓音粗，有人则是低音。嗓音发生改变，称为变声期。每个人在变声期出现的变化略有不同。（说明变声期的特征之后）变声期到来，便是身体准备好了打造自己的专属嗓音。因此，为了我们的嗓音，必须保护好喉咙。要常喝水，保持喉咙温润。最重要的是，尽量不要大喊，以免造成喉咙疼痛。"

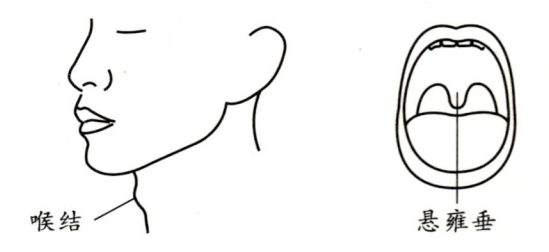

喉结　　　　　　　悬雍垂

乳房发育

乳房发育是女孩的第二性征中肉眼可见的变化。妈妈可以回想一下自己彼时所经历的变化。和爸爸分享之后，一起进行子女教育也不错。教育女儿不能只让妈妈来做，全家人一起聊聊吧。

我第一次对胸部产生兴趣，是因为乳房和乳头周围开始发痒。有点痒痒的，触碰到衣服会有灼痛感，体育课上还曾因为胸部疼痛而不想做准备运动。这种现象与胸部大小无关，是乳房发育的必经过程。各位的经历如何呢？

女孩的乳房发育分为几个代表阶段。青春期到来之前，乳房会一直保持扁平。儿童的胸部与腹部相连，互不区分。进入青春期之后，乳房开始隆起，乳晕周围与乳头逐渐突起。这是乳房开始发育的信号。乳房发育阶段，会感到胸部发痒或者灼痛。乳晕的颜色会加深，变得更加明显。这种变化一般在月经开始1~2年之前出现。

这段时期可以尝试与孩子交谈，一起选择内衣。由于乳房尚未突起，比起儿童运动内衣，请给孩子穿棉质的吊带衫，可以预防痒与痛。虽然只是细微的差别，却有很大帮助。

随后，乳房的脂肪增多，逐渐隆起。刚开始是尖尖的，等到乳腺组织全部发育完毕之后，乳房就会变圆。乳头会完全突起，偶有不突起也不是什么大问题。

乳房基本定型之后，就要开始和孩子讨论内衣。在青少年的成长过程中，内衣不会只产生100%的正面影响。有些问题需要父母一起思考，后文会对此进行详细讲解。

青少年经历身体发育，通常会观察自己的身体。因此，会提出一些我们意想不到的问题。我把这些问题整理如下。

乳头周边有些粗糙不平的小颗粒！

大家仔细观察过乳房吗？长得比想象中神奇多了！乳房主要由三部分构成：乳房、中间深颜色的圆形乳晕、乳晕中间突起的乳头。乳房的形状与大小、乳晕的颜色与大小、乳头的位置与大小，全部因人而异。

仔细观察一下乳晕，会发现一些凹凸不平的突起。这是一种自然形态，不要刻意挤掉。现在仔细看一下乳头吧，乳头不平整，有一些缝隙和小孔。这是乳房排出分泌物的通道。偶尔还会发现一些凝结的白色分泌物。这是乳房内部的乳腺管清洁之后排出的液体，任何人都会经历这种自然现象，与是否妊娠无关。

乳晕逐渐变色了，其他人也是这样吗？

乳晕的颜色因人而异。儿童的乳晕一般与自己的肤色没

乳晕　　乳头

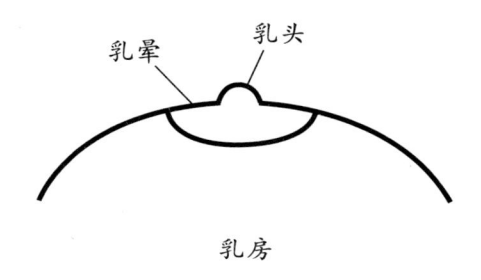

乳房

有太大差异，青春期之后逐渐形成自己的颜色，深褐色、浅橘色、粉红色、接近黑色的古铜色等，真的很多样。乳晕的颜色没有标准答案。在我们出生之前，乳晕的颜色就已经由DNA决定好了。请告诉孩子，乳晕的颜色是个人专属，没有好坏之分。

男孩胸部变大了，是乳房发育症吗？

有的男孩到了青春期也会出现乳房发育。乳房与乳头变大，还会出现乳房疼痛。偶尔，还会出现隆起。"如果是乳腺癌可怎么办呢？""是不是要长出一对女性乳房呀？"难免会有这样的忧虑。

不必担心，这只是青春期的常见现象，多半男孩都会经历。平均时长短则几个月，长则一到两年，这种现象就会消失。原因大多是性激素分泌不均衡与肥胖，只要调整饮食，进行健康管理，这种现象就会自然消失。

不过，也有必须去医院的情况。如果乳头出现分泌物，或者乳房周围变硬，有痛感，胸部与腋下相连的淋巴管肿胀，就要怀疑是乳腺癌。此时千万不要观望，务必立刻就医。

生殖器的变化

迎来青春期，阴唇和阴茎也会发生变化，如尺寸变大，颜色也会有所改变。和乳晕变色一样，在黑色素的作用下，每个人会形成自己的固有色。生殖器比其他部位颜色更深。有种说法是，性行为过度或者自慰过多，颜色就会变深。孩子如果提前接受过性教育，听到这种传闻时就会一笑而过，纠正这种错误的信息。

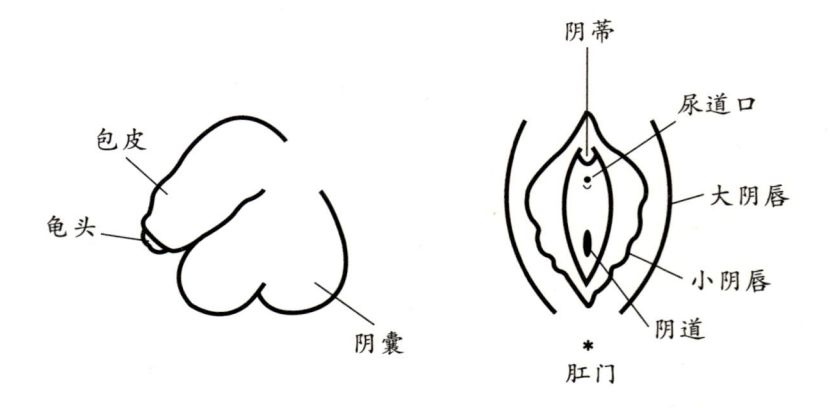

生殖器周围还会长出阴毛。每个人的阴毛量不同，形态也不一样，有的弯弯曲曲，与头发颜色有异。可以提前告诉孩子，长出阴毛时会痒，要注意公共场合的礼仪。

女孩的内部生殖器成熟，会开始来月经，男孩则会经历射精。有趣的是，女孩出生时体内即有卵子，男孩却要到青春期才会产生精子。关于月经与射精，后文会进行详细说明。

青春期派对

"听说最近流行在孩子第一次梦遗时为他办个派对,真的有必要吗?那要告诉孩子梦遗后通知我吗?"——12岁孩子的父母

"听说女儿初经时要为她办个青春期派对。真搞不懂,为什么必须得庆祝一下呢?月经真是又痛又烦。不论对孩子还是父母,青春期都是痛苦的开始,为什么要庆祝呢?"——8岁孩子的父母

与过去相比,性教育的重要性逐渐普及,各种媒体开始推出一些以性教育为主题的丰富内容。我们在接触到各种性教育知识的同时,又从几年前开始流行"青春期派对"。

韩国关系教育研究所孙景怡所长为儿子举办"尊重派对"的采访公开之后,这个话题变得更加热门。或许是出于这个原因,最近的讲座中总是少不了关于青春期派对的提问。这些提问全部都是:"一定要举办青春期派对吗?"

父母们会咨询如何举办青春期派对的方法,不过大部分都是关于青春期派对的必要性。然而,这其实并不是对必要性的提问。大家在提问之后,往往面露尴尬。举办派对实在为难,

却又看到四处都在讨论，似乎必须得办，非常苦恼。

各位读者也在为此烦恼吗？如果要立即答复的话，我认为青春期派对不办也行。青春期派对说来美好，似乎十分必要，其实未必。假如父母对青春期派对感到为难，成了一种心理负担，反倒不办比较好。

青春期派对的目的是打破对青春期的消极认知，协助孩子积极迎接自己的身心变化。同时，表达父母尊重孩子成为一个独立个体的心意。

然而，如果派对的主人公——孩子感受不到这一点，青春期派对就没有任何意义。首先，假如父母消极看待青春期，就很难实现派对的目的，对吧？如果认为青春期是叛逆、情绪波动、令人担忧的时期，暂时不要举办派对。

反之，孩子也可能对青春期感到不适。孩子在青春期更亲近同龄人，尝试与父母保持情绪独立。也可以说，孩子或许并不想与父母一起度过不必要的时间，只愿陷入自己的苦恼中。如此一来，就不会享受青春期派对。

等到青春期的子女与父母都感受到青春期派对的乐趣，可以坦然接受，父母也能实现举办青春期派对的目的，此时再举办派对较好。不过，除了派对也不乏其他庆祝形式。父母可以在日常对话中传达积极迎接青春期、尊重孩子内心的理念。因此，各位父母完全可以放下派对的包袱。

与孩子建立可以共同举办派对的关系

　　举办青春期派对之前，父母应该首先思考一下自己与孩子的关系。回想一下以前是否和孩子一起讨论过青春期，能够在对话中尊重彼此的意见与情绪。

　　如果平时完全没有讨论过青春期或者性发育，突然举办一场青春期派对，双方都会很有负担。孩子说不定还会感觉个人边界遭到侵犯，举行派对期间也只会觉得很难堪。

　　其实，如果父母突然对孩子的身体和性产生兴趣，孩子会感到十分不适。我见过不少这样的学生。我记得我的父母在妹妹初经时买了个蛋糕回来，妹妹却觉得又羞又恼。如果在这种情况下却给妹妹办了一个青春期派对，她在那段时间一定会难堪至极。

　　如果彼此可以谈论青春期，当然也要能够放松地谈论性。在青春期开始之前，可以在日常生活中多聊聊性话题。

　　可以先从小事开始谈起，逐渐过渡到青春期出现的第二性征。事先为孩子讲解过青春期的变化之后，再告诉他/她到时想表示祝贺。孩子会十分期待这种变化的。

　　如果刚开始难以开口，以这本书作为契机也不错。"爸爸昨天收到了一本书，是关于青春期的故事。所以，爸爸想起了自己的青春期。"以这种方式开始，会稍微容易一些。

与孩子一起准备派对

派对一定要是惊喜吗?不妨让孩子化身主角,准备一场自己喜欢的派对。举办派对之前,问一下孩子想要收到的礼物、想吃的食物、想邀请的朋友等。这是按照孩子的意愿准备派对的最简单方法。

"初经/梦遗时想要收到什么礼物",我在为青春期的学生们讲课时,一定会问这个问题。我把这些答案告诉了父母,大家十分惊讶,因为有的东西远在意料之外。每个学生的回答都不一样,所以还是问问孩子想要什么再去准备比较好。

不过,很多学生想要一只宠物作为青春期礼物,如小狗、小猫、小乌龟等。这无关青春期,孩子应该只是说出了自己想要的东西。如果孩子想要一只宠物作为青春期礼物,父母应该怎么办呢?不能因为要祝贺孩子的青春期,就随意为家庭添加新成员。

遇到这种情况,请以尊重孩子的青春期并表达祝贺的心意来代替,只要充分传达未能满足孩子心愿的抱歉之意即可。可以买一只最可爱的动物玩具取代活体动物,表达对孩子挑选礼物的尊重。有时候只有让孩子挑选替代礼物,才能打开心结。重要的是传达对孩子的尊重与表示祝贺的心意。

享受派对

许多父母除了苦恼青春期，还会对青春期派对过于严肃。其中最常见的失误便是突然开始教育孩子。早不说晚不说，偏要在派对上说。

如果父母谈起避孕教育，告诫孩子必须对性生活有责任感，或者非要给孩子讲讲健康的性价值观，唠叨个没完，派对则会就此告败。

父母在派对期间应该暂时收起各种担忧，享受这段舒适的时光。错过了这一刻，我们又会有什么机会祝贺孩子的青春期、倾听孩子的畅所欲言呢？孩子的成长速度远远超乎我们的想象。

培养孩子对身体的正面认知

"什么？画身体？而且是不穿衣服的裸体？太奇怪了吧……可以不画男生吗？"——12岁学生

"我们画一下自己的身体怎么啦？没什么奇怪的啊。"——11岁学生

我为小学生做小组授课或者进行青春期教育时，一定会布置一个课堂作业：让他们画人体，表现一下第二性征。此时，学生们的反应主要分为两大类，如前例所示，有的学生连画人体都很困难，有的学生则完全不介意。

当然，完成的作业也有所差别。比起对绘画作业感到不适的学生，轻松接受的学生画得更加详细，第二性征的信息很多，对身体部位的名称也十分了解。

这便是对身体认知的差异。有的学生对自己的身体感到害羞与难为情，有的学生可以坦然接受这些只是自己身体的组成部分，还有很多学生会对异性的身体感到更加不适。

对身体尤其是性器官感到羞耻，或者当作禁忌的学生，便无法正确认识身体。就算想要了解，也会难为情地偷偷查找或者索性不想了解，这源于他们对"好奇身体"这件事的

负面认知。

对身体持正面认知的学生,会坦然接受对身体感到好奇这件事,也能够放松地进行表达。他们还会询问一些被我忽略的小细节。这类学生不但可以顺利完成作业,还会对此进行积极说明或者踊跃提问。

那么,这种认知差别是如何形成的呢?虽然并非百分之百,不过孩子对身体的感受大多源自家庭教育。在家庭中的学习方式,会影响孩子对身体的认知和感受。

偶尔会有父母把我们的身体描述得羞耻而肮脏。最常见的情况就是对小朋友开玩笑说:"看到小鸡鸡了!小鸡鸡,哎呀真丢脸！"还会解释说："阴茎上有很多细菌，非常脏，不能用手摸，要洗得非常干净。"

这两种说法都不是完全错误的。所有人都有界限，因此在他人面前裸露生殖器会感到难为情。我们也不能说阴茎上没有细菌。

不过，没有正确说明遮盖身体与保持清洁的原因，却只传达了"感受"，孩子只会记住这种负面的东西。提到生殖器时，只描述为一个羞耻、肮脏的部位，便不可能正面描述其他的身体器官。

这种教育方式，会导致孩子在获取正确信息之前，认为包括生殖器在内的整个身体都是"羞耻肮脏的地方"。以隐语称呼身体器官，也会产生类似的影响。

甚至有学生表示画身体的作业很难，认为男性的阴茎很脏。那个学生所在的小组教育结束之后，有一个父母反馈时间，利用这个时间我和那个学生的母亲进行了交谈。

我正在说明"不一定非要给孩子穿内裤不可"，她却一直反问"是不是穿上比较好"。她还说："不论感到多么不适，就算有患上阴道炎的危险，也一定要穿内裤。"她非但不了解生殖器的名称，还对"观察自己生殖器"的说法感到大为震惊。

我没有问过她的身体教育方法，不过她极有可能在日常教育中不知不觉地消极谈论过生殖器。没有对尊重界限的说明，只教给孩子"遮住羞耻的部位",孩子露出内衣时也会大加斥责吧。

像这样,如果孩子在获取正确信息之前,已经对身体有了负面认知,就很难正面认识我们的身体。对自己的身体感到羞耻,认为异性的身体很脏,这种孩子可以大大方方地享受性吗?

父母应该帮助孩子建立正面的身体认知。正确称呼身体器官,在孩子感到好奇时为他们讲解名称与功能。拥有探索自己身体的机会,这一点也很重要。

此外,父母如果对界限做出说明,孩子就会认为整个身体都很珍贵。请告诉孩子,从头到脚,身体的每个角落都是属于自己的,是非常值得骄傲的。父母在说明的同时,当然也要改变自己的观点与行动。尊重孩子的界限,为他们感到骄傲。

正确称呼"珍贵之处"

"听说'小弟弟、小妹妹'的说法很适合小孩子。不能这样称呼吗?"——10岁孩子的父母

"我只教给孩子那里是'珍贵之处',在学校不学吗?"——8岁孩子的父母

"我知道阴茎、睾丸!可是女生,嗯……鸡鸡?那里?"——11岁学生

在小学父母课堂上,这样的提问很常见。学生父母为如何称呼生殖器而感到苦恼。首先,很多父母不了解正确的名称。这种情况下,遇到关于生殖器的提问自然无法准确作答,或是由于对性持负面情绪而拒绝回答。

有的父母就算知道准确的名称,也会认为告诉年幼的子女为时过早,大多含糊其词地称其为"珍贵之处"。

使用正确的术语,是性教育的基本原则。在幼儿园和小学,我们称"眼睛"为"眼睛",当然也必须了解生殖器的正确名称。生殖器和其他部位一样,也是我们珍贵的身体器官。

正确称呼生殖器,反映了对生殖器的认知。为了培养孩子对生殖器的正面认知,第一步就是"正确称呼"。

女性外生殖器的正确名称是"外阴",男性外生殖器是"阴茎"和"阴囊"。阴茎上有"龟头""尿道口",下方为包裹着"睾丸"和"附睾"的阴囊。外阴分为"大阴唇""小阴唇""阴道""阴蒂"和"尿道口"。

"构造这么多?"有人会对此感到十分惊讶,尤其是没有看过自己外阴的人会更加震惊。阴茎和阴囊仅从外部就可以看得十分清楚,外阴却需要对着镜子张开双腿才能仔细观察。

仔细观察自己的外阴还要借助镜子,自然会感到难堪。不过,既然我们照镜子看自己的脸不会觉得害羞,观察外阴也一定要自然面对。

如何知道脸上长了粉刺呢?因为照过镜子,发现脸上长出了昨天没有的东西。只有看过自己健康的外阴和阴茎、阴囊长什么样子,出现问题时才能用肉眼确认。

希望各位父母仔细观察自己的身体,学习清洁的方法,培养对身体的爱惜之情。管理、爱护身体,应该从自我做起。父母正确称呼身体器官,孩子才能珍惜自己的身体。

面对让人困扰的体毛

"要从什么时候开始刮胡子呢？一定要刮吗？"——12岁学生

"我讨厌长毛。有什么方法可以不长毛吗？"——13岁学生

"女儿说想剃腿毛。我觉得那些小绒毛好像不剃也没事啊……"——13岁孩子的父母

我记得自己小时候曾经和妹妹一起模仿过爸爸刮胡子。我们感觉自己变成了大人，咯咯笑着，玩得非常开心。我还曾想过："要是像大人那样长毛就好了。"各位的子女说不定也曾渴望长大，对体毛羡慕不已。不过，这种想法在某个瞬间就会发生改变。

孩子会在青春期经历第二性征，身上的绒毛变粗，颜色加深，腋窝和阴部也会开始长毛。有的青少年偶尔还会炫耀胡须变得浓密，或者长出了阴毛。

不过，我从来没有见过女孩为自己的体毛感到骄傲。她们反而对此很有压力，想要脱毛或者不想长毛。青少年对第二性征的反应因性别而不同，随着年龄的增长，这种差异越

发明显。

我们如果看到电视上二十多岁的女性抬起手臂露出腋毛，会有什么感受呢？除了腋毛，还看到了长长的腿毛会如何呢？可能会皱起眉头，觉得很奇特吧！这就是我们对女性的性别固有观念。大众普遍认为，只要是女性，腋下和腿部等身体部位一定要脱毛。

2012年，康考迪亚大学（Concordia University）的伊美尔·奥图尔（Emer O'Toole）教授参加了英国早间节目《今晨》（This Morning）。她抬起自己的胳膊露出腋毛，又展示了腿毛。伊美尔·奥图尔教授对社会既定的"女性特质"（femininity），即性别固有观念心存质疑，长达一年半没有脱毛。

她曾在著作《哪有什么女性特质》（Girls Will Be Girls）中表示："我们通过家庭与学校教育、各种媒体、童年游戏等习得的女性社会标准，大幅度局限了女性的选择。"各位的子女所接触的媒体中，是如何表现"女性特质"的呢？女性和男性的体毛看起来如何呢？女性除了头发和眉毛，应该很难找到其他部位的体毛吧？因为全部剃得干干净净。

我们要告诉孩子"每个人都可以根据需要剃须或脱毛"，并教给孩子安全的脱毛方法。不过，在传授技术性的方法之前，一定要先进行价值观教育。针对认为理所当然的事情进行提问。

"我们为什么必须剃须或脱毛？""不剃会怎么样呢？""为什么会这样认为呢？"父母和孩子一起思考，分享各自的想法。通过这些对话，我们可以对性别固有观念有所了解。如果是女儿，则有机会改变因社会既定的条条框框而产生的身体负面认知。我们最大的愿望其实就是孩子能够自尊自爱，健康成长。我们只要在旁陪孩子一起聊聊、一起思考即可。

体毛的作用

体毛可以保护我们的身体免受外部刺激。保护皮肤，减少肌肤彼此碰撞时的摩擦，阻止异物进入身体。此外，还可以维持体温。

剃须与脱毛

应该从什么时候起开始刮胡子？

刮胡子的工具叫作剃须刀。刮胡子不宜过早开始，建议等到胡须变得又黑又长时再刮。不过，父母应当告诉孩子，刮胡子只是一种个人选择，并非一定要做。如果认为"学生必须刮胡子"，请找出合理依据。

刮胡子需要准备哪些物品呢？

刮胡子时，脸部很容易受伤。考虑到面部肌肤柔嫩，推荐使用剃须膏。剃须刀必须是个人专用。

为什么讨厌体毛？

体毛的功能很多，减少外部刺激、阻挡异物、维持体温等。如果依然讨厌体毛，请考虑一下其中缘由。脱毛并不是一件坏事，不过在做出选择之前，需要花时间好好思考。

如何脱毛比较好？

脱毛方法多种多样。半永久激光脱毛、涂在身上溶解体毛的脱毛膏、贴在皮肤上拔除体毛的脱毛贴纸、与剃须刀同样原理的脱毛器，方法真的很多。根据自己的皮肤状态与脱毛目的进行选择即可。

可以脱阴毛吗？

外生殖器上生出的体毛称为阴毛。阴毛和其他体毛一样，也有多种脱毛方法。不过，用手拔除或者用脱毛器剃掉不太好。用手拔除时，可能会患上毛囊炎或者其他疾病。如果使用脱毛器，以后阴毛重新长出时可能会瘙痒刺痛。

为什么会勃起

"二年级的儿子问我为什么会勃起。我很尴尬,也不清楚为什么会勃起,所以很难解答。"——10岁孩子的父母

"发呆时会毫无理由地勃起。如果在学校或者培训班遇到这种情况,真的很慌。我又没有想什么色情的东西,为什么会这样呢?"——五年级学生

勃起与年龄无关,任何人都会经历。从出生的那一刻就能勃起,还曾有人看到过婴儿勃起呢!这只是一种自然现象。

我们的体内有一种海绵般的海绵体组织。海绵体长得很像海绵,吸收血液就会膨胀。阴茎的两侧与下侧都有长长的海绵体组织,唯独上侧没有,所以勃起时会向上竖起。

男孩经常会因为突然勃起而感到苦恼。在学校或者公共场合勃起时,会感到又羞又慌,还会成为朋友的取笑对象,遭受侮辱。我们都以为大部分勃起是因为性反应,其实还有很多其他情况。

勃起的原因

首先,如我们所知,勃起是因为受了某种刺激。可能是性刺激,也可能是其他的外部刺激。我们进行身体活动或者玩游戏时,如果产生身体接触,阴茎就会反射性勃起,就像眼里进了异物会眨眼一样。

其次,睡觉时阴茎也会经常勃起。阴茎在睡眠中会勃起3~4次,这与名为"去甲肾上腺素"的神经传达物质有关。去甲肾上腺素的功能之一是控制动脉收缩,因此会根据睡眠节奏调整分泌。动脉收缩时不会勃起,如果动脉膨胀,血液循环,海绵体就会充血,出现勃起现象。

睡眠勃起(或称夜间勃起)会一直持续到早晨。大家应该都听过"支起小帐篷"的比喻吧!这种说法暗指睡醒时勃起的阴茎。晨勃的原因比想象中简单。睡觉时膀胱积满了尿液,膨胀的膀胱挤压了连接阴茎的血管,勃起便会一直维持到睡醒。因此,晨勃在小便之后就会消失。同样的原理,有尿意时也会勃起。

此外,安静的状态下也可能会毫无理由地勃起。"发着呆就勃起了""真的什么也没做,突然就……"很多青少年为此感到难堪。

我们可以从支配身体活动的自由神经系统中寻找原因。自由神经系统分为交感神经和副交感神经。紧张时的身体反应可以理解为交感神经兴奋。大家都经历过嘴巴干涩、心脏跳动、消化不良吧！这就是交感神经在控制身体。反之，副交感神经意味着不紧张的舒适状态，勃起则属于副交感神经兴奋。因此，在发呆或者休息的状态下，勃起更为频繁。

青少年时期经常会不分时间与场合出现阴茎勃起。如果对自己的身体理解不足，突然出现勃起就会感到慌张难堪。我们应该向孩子说明如何应对这种情况。首先，解释一下什么是勃起。如果孩子理解了勃起是一种身体的自然反应，看到自己或者他人的勃起现象时，就不会那么慌张了。

接下来，父母要告诉孩子如何应对意外勃起。据说，唱歌很有效。如果太在意勃起的阴茎，勃起反倒会持续更久。因此，可以找点其他事情做，以此分散注意力。

不过，在实际生活中突然唱歌或者做其他事情，反倒会更加在意阴茎。如果在公共场合勃起，可以用衣服或书包轻轻盖住，也可以盘腿遮挡。父母和孩子进行对话时，可以一起预想各种情况并进行练习。因为在这个过程中，可能会找到更好的办法。

勃起的有趣信息

我们通常认为，勃起是男性的身体反应。不过，女性也会勃起。女性的生殖器中，阴蒂从外面看来只有豌豆那么大，其余部分位于你看不到的皮肤组织下面。阴蒂也像阴茎一样内含海绵体，性兴奋时会充血肿胀。如果感到阴部肿胀，有点轻微的酸痛，那就是阴蒂勃起。所有人都会勃起！

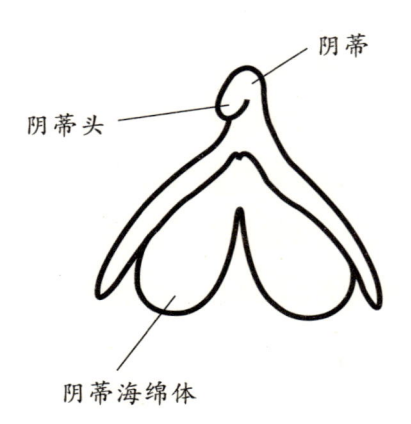

阴蒂

阴蒂头

阴蒂海绵体

一定要做包茎手术吗

"我讨厌包茎手术。今年夏天就要去做,我要跟妈妈怎么说才能不做呢?"——五年级学生

"听说最近不做包茎手术也可以,不过如果想要保持清洁,还是做了比较好吧?"——三年级学生家长

包茎手术通常称为"割包皮",对男孩来说是一个恐怖的词语。我去做青春期教育时,关于包茎手术的内容从未间断过。曾经有一个学生不想做手术,却又说不通父母,拜托我替他打个电话。包茎手术真的非做不可吗?

包茎手术并非必不可少。男性大多是假性包茎,20岁以后剥开包揽龟头的包皮就会露出龟头。不会有任何痛感!不过,真性包茎的龟头与包皮不会分离,剥开包皮也只能看到部分龟头。因此,可能引发勃起障碍,还会伴有痛感。如果是真性包茎,就需要做手术。

孩子结束第二性征之后,即可判断是假性包茎还是真性包茎。在此之前,需要较长的等待时间。父母可以向孩子充分讲解包茎的种类、手术方法、优缺点、需要考虑的问题等相关内容。例如,包茎手术后需要充足的休息。如果选择在青少年时

假性包茎　　　　　真性包茎

期做包茎手术，放假时可以保证充足的休息；成年之后没有假期，休息不便。父母要告知孩子未能考虑到的各种情况，帮助孩子在信息足够的前提下做出选择。

我经常会遇到一些青少年认为自己没有"选择权"，拜托我帮忙说服父母。与个人身心有关的事情，都应该由"自己"来选择和决定，这便是我之前所说的界限。父母可以通过包茎手术这个话题，让孩子体会到自己的界限受到了尊重。这是我们理所当然该做的事情，因为是孩子的身体问题。

如果经过交谈和一段时间的考虑之后，孩子决定不做包茎手术，父母务必告诉孩子注意保持清洁。异物和细菌很容易进入龟头和包皮内侧，洗澡时彻底清洗这些地方非常重要。因为管理好自己身体的清洁与健康，也是身体主人应尽的义务。

孩子貌似性早熟

"我女儿现在才十岁,已经来月经了。虽然听说现在的孩子生理期开始得比较早,居然可以这么早吗?"——10岁孩子的父母

"孩子现在上小学二年级,已经开始长阴毛了。是不是太早了?"——9岁孩子的父母

因性早熟症到医院就诊的人数正在逐年增长。所谓性早熟症,是指第二性征的出现早于平均值。女童的标准为满8岁之前,男童为满9岁之前。根据韩国国民健康保险公团的统计显示,2012年性早熟症确诊儿童为55 000名,2017年增长为95 000名。每年都有很多孩子经历着性早熟症的痛苦,其中大部分为女童(89.9%)。

性早熟症会引发不少忧虑,比如,孩子会不会不合群或者被嘲弄呢?这么小年纪就来月经,该如何护理呢?不长个儿了可怎么办呢?性早熟症儿童的骨龄确实超出实际年龄,会提前停止发育,身高大多低于平均值。而且,发育过早还会引发儿童的心理问题。因此,父母要对孩子的身体变化保持关注,早发现,早治疗。

性早熟症状如下：

第一，腋毛与阴毛早发育，女童与男童都可能发生。长出阴毛与腋毛是因为睾酮分泌，是第二性征的典型特征。好在与急速生长关系不大，其他第二性征通常会在正常时期开始。

第二，乳房早发育。胸部隆起状况与第二性征时期一样，在去医院问诊之前可以事先确认。如果轻轻触摸孩子的乳房感觉比其他部位要硬，可以摸到硬块，就要怀疑是性早熟症。孩子抱怨胸部疼痛或者乳头不适，也是同理。

第三，初经提前或者阴道出血。虽然近来月经初潮的年龄有变小的趋势，但是假如孩子在8岁之前来月经，就一定要去医院就诊。可能是因为性早熟症而出现月经过早，也可能是肿瘤或者外伤引发的出血，因此一定要去医院接受准确的诊断。如果父母对月经早熟稍微保持关注，就能提前识别。孩子在初经六个月到一年之前，就会出现阴道分泌物。因此，如果孩子的内裤上经常沾有分泌物，就要怀疑是月经早熟。

第四，睾丸与阴茎发育。男童的性早熟症表现为睾丸发育增大。父母如果在日常生活中多多留意孩子的身体，这种情况就不难发现。性早熟症只要父母足够关注，就能及早发现。

就算孩子没有以上症状，如果在第二性征到来之前，身高增长大于平均值5~6 cm，就要怀疑是性早熟症。如果出现这种症状，请务必做好记录，及时到儿科或小儿内分泌科咨询。

去医院检查性早熟症之前,一定要对孩子进行足够的说明,不要让孩子感觉自己的身体发育有问题。孩子可能会因为自己的身体与同龄人不同而产生心理压力,或者变得敏感。此时,父母可以和孩子聊聊自己的经验。

"妈妈也在乳房刚开始发育时十分慌张。胸部疼痛,穿衣服时也很烦,非常不方便。不过,当我知道每个人都会经历这种变化时,心情就放松多了。我们的身体发育真是一件很酷的事情呢!"

父母可以告诉孩子,性发育是一种自然现象,每个人都会经历,只不过有早有晚。只要结合父母的自身经验,为孩子灌输对身体的正面认知,就会减少孩子的不安。

虽说医院是为了守护健康而存在,却依然会令人感到恐惧不安。因此,父母带孩子一起去医院诊疗时,关注孩子内心的安全感十分重要。多和孩子进行身体接触,或者多鼓励孩子,都会增加孩子的安全感。此外,父母还要提前向孩子说明检查与治疗过程,接纳孩子的情绪与想法。

所有治疗过程都要在医生、父母与患者本人(孩子)的意见统一之后才能进行。如果孩子拒绝治疗或者难以接受,就需要先进行充分的沟通。只要不是紧急状况(危及生命),一定要先问问孩子的想法,共同做决定。

一定要给儿子讲解女孩的第二性征吗

"第一阶段的青春期教育可以合班进行,第二阶段要分为男生班和女生班。男生不一定非要学习使用卫生巾或者穿胸罩的方法吧?"——小学性教育负责人

"应该告诉儿子多少关于女性身体的知识呢?"——10岁孩子的父母

我在讲课时,不论是什么年龄段,一定会努力让所有性别的孩子一起听课。我反对分班。然而,不论我怎么解释,总会遇到坚持要求分班的负责人。理由永远都是:"一定要这样吗?"

是的,"一定"要进行教育,"一定"要知道。我们有什么理由必须不学习异性的身体呢?性别不同,并不意味着毫无关系啊!我们都生活在关系当中。就算不一定与异性成为恋人、夫妻,也会成为朋友、同事等。我们一起构成了日常生活。

然而,我们通常只因为对方的性别不同,就会视其为本质不同的存在,认为他们的特征非常神秘。女性的月经与男性的性欲便是最典型的例子。其实了解之后就会知道,这并没有什

么特别之处。许多信息过分夸大了异性的身体或生理现象，许多人因没有受过性教育而对此心存误解。

就算是为了构建圆满舒适的男女关系，男性也应该了解女性的身体。女性也是一样。不过，男性学习女性的身体知识还有另外一个原因，那就是尊重。

为了儿子可以照顾女性，女儿不被男性误解，各位父母一定要为孩子正确讲解女性的身体。越是区分，越是隐藏，性就变得越危险。不是因为懂得太多而危险，而是因为无知才会出问题。

父母或许会把异性的身体与性现象视为"色情"，从而不愿对孩子提起。尤其对女性的身体，这种倾向更为严重。我们在前面已经讲过轻松看待性与身体的原因。为孩子讲解第二性征也是同样的道理。请告诉孩子，包括同性在内，所有人的身体都是稀松平常的。

男性还应该了解女性的身体现象。就算对月经没有同理心，也要了解其中的难处，考虑自己作为家人、朋友能够提供什么帮助。如果不了解月经，就会很容易以此取乐，当作和同性之间的谈资。月经只是其中的一个例子。男性如果了解了女性的身体，就不会乱来。

我有一次为小学生做三阶段性教育，前两个阶段都是合班，到了第三阶段却被要求分班进行，因为教育主题是"月经"。负责人表示，学生在一起学习会感到难为情，而且男生也不一定非要了解月经，所以必须分班。

那次授课最终只能分班进行，我却给男生讲了同样的内容。男生们详细了解了月经的原理与痛经、卫生巾的使用方法等。他们的关注与提问不亚于女生，纷纷表示终于解开了心中的疑惑。

在那堂课上，男生们不仅学习了卫生巾的知识，还理解了月经和来月经的朋友。如果他们没有听过这堂课，说不定会受到泛滥的错误信息的影响。

性教育不该遮遮掩掩，而应以安全的方法解开孩子的好奇心，正确传达未知的知识。这不是简单地传授数学公式，而是帮助我们的孩子树立性价值观。只要父母的思想稍作改变，孩子的日常生活就会大有不同。让我们一起改变孩子的世界吧！

一定要佩戴胸罩吗

"穿胸罩太不舒服了。我在家不想穿,却要看家人的脸色,只有在自己房间里可以不穿,其他时间都会穿。有一次爸爸还说我'女孩子家连个胸罩也不穿,一点也不小心'。"——五年级学生

"我睡觉时都会穿着胸罩,不可以吗?"——六年级学生

"最近不穿胸罩的人似乎越来越多了。不过,青春期还是得穿。因为大人和小孩不一样……"——13岁孩子的父母

据统计,韩国女性一生中佩戴胸罩的时间高达373 800小时。虽然情况因人而异,不过除了睡眠时间,女性几乎每天都要佩戴胸罩。胸罩与我们的身体如此长时间亲密接触,我们又对它了解多少呢?父母和孩子一起挑选胸罩之前,需要考虑的问题可真不少。

先从最基本的问题开始:"为什么必须佩戴胸罩?"各位会如何作答呢?我问了一下青少年,得到的答案多种多样。为了遮住乳头,为了胸部塑形,为了减少胸部运动,为了胸部看

起来更加丰满等。还有几个学生回答"因为学过必须穿"。还有学生从未考虑过为什么必须佩戴胸罩，因为她们没有选择机会，女性理所当然必须佩戴胸罩。

如果我们不佩戴胸罩，可能会感到不适。看到不佩戴胸罩的人，我们通常会皱起眉头吧？为什么会感到不适呢？原因有很多种，不过都与把女性胸部视为性意象的社会观念有关。女性必须佩戴胸罩，也可以由此做出解答。

有人认为看到乳头会感到不适，因此必须佩戴胸罩。那么男性的乳头如何呢？女性和男性的乳头不同的理由是什么呢？男性用贴片遮住乳头是一种关怀，女性遮住乳头就是理所当然，这种想法很奇怪。

因为胸部下垂，所以要佩戴胸罩，这个理由怎么样呢？"全方位塑形""乳沟""性感""曲线美"，胸罩广告中的这些广告词不断定义哪种胸型最美，而且把胸部的美感与性魅力关联起来。众所周知，胸型并不能保证我们的健康与生活，却依然成了选择胸罩的最重要因素。

我们已经习惯了从性角度看待女性的身体。胸部只是身体的一部分，却被赋予了太多含义。那些理所当然熟悉的传统，有时也会侵犯我们的选择权。只有选项够多，才可能做出真正的选择。请告诉女儿，如果你可以挑选胸罩，当然也有选择穿与不穿的权利。

适合佩戴胸罩的情况

是否佩戴胸罩是个人选择，不过有些情况下佩戴胸罩确实对身体有益。最典型的就是运动时。进行剧烈运动时，胸部也会大幅度摆动。我们的胸部组织像网兜一样彼此联结，断裂后很难再生。因此，剧烈运动时最好佩戴运动胸罩，防止肌肉损伤。根据运动种类，可以选择不同程度收紧胸部的运动胸罩。

孩子迎来青春期，胸部刚开始发育，此时也推荐佩戴胸罩。因为在胸部发育期，轻微的乳头触碰或胸部晃动都会很容易感到疼痛。如果对触碰乳头感到苦恼，可以选择带罩杯的吊带衫（胸罩式上衣）。如果想要减少胸部运动，佩戴包裹胸部的少女胸罩会很有帮助。无钢圈、软罩杯的棉质胸罩更好。

选择适合自己的胸罩

如果选择佩戴胸罩，就必须佩戴适合自己身体的胸罩。胸罩太小会引发消化不良，太大则起不到佩戴胸罩的作用。购买胸罩时，一定要亲自前往专卖店进行尺寸测量之后购买。尤其是青春期少女的胸部持续发育，尺寸不断改变，感觉不适时就该更换胸罩了。

如果不方便到店里测量尺寸,居家测量也可以。脱掉衣服,先用软尺测量下胸围(水平围绕乳房底部一周的长度),然后对准乳头测量上胸围(水平围绕乳头一周的长度)。测量胸围时,一定要照着镜子保持软尺水平。上胸围减去下胸围,就是罩杯的尺寸。

胸罩尺码	65	70	75	80	85	90
下胸围	63~67 cm	68~72 cm	73~77 cm	78~82 cm	83~87 cm	88~92 cm

罩杯	AA杯	A杯	B杯	C杯	D杯	E杯
罩杯尺寸(上胸围-下胸围)	7.5 cm	10 cm	12.5 cm	15 cm	17.5 cm	20 cm

尝试各种选择

近来,胸罩的种类越来越多。炎夏佩戴胸罩有多么煎熬,经历过的人都会有同感。结合天气、不同场合、穿衣打扮,胸罩的选择也有所区别。

就算是普通的胸罩,根据材质、有无钢圈、罩杯的形状、侧边的宽度等，设计和用途也会不同。如果感觉胸部憋闷，有勒紧的感觉、很不适，可以选择无钢圈胸罩（bralette）。无钢圈胸罩没有钢圈，维持自然胸型，只遮住乳头。根据胸罩的材质不同，有的很吸汗，有的很凉快，还会减少皮肤刺激。

胸罩式上衣（bra top）也十分舒适。吊带衫上配有罩杯，无须再单独佩戴胸罩。这种上衣十分贴身，非常舒适，也不会感到憋闷。

此外，乳贴也是选择之一。乳贴有硅胶材质或者肩带型，可以用来遮挡乳头，非常适合炎热的夏天！

如前所述，别忘了还有不佩戴胸罩这一选项。其实，只有自己感到舒适，对身体有益，才是真正为自己着想。

因为做了春梦，才会梦遗吗

"我没做过春梦，为什么会梦遗呢？是我不记得了吗？有什么方法可以不做春梦呢？"——12岁学生

这一节我们将了解一下青春期男生的大问题，消除大家对梦遗的误解。我在做青春期教育时，一定会遇到关于梦遗的提问。讲到梦遗，学生们都会暂停手里的事情，瞪大眼睛，听得非常仔细。大家虽然十分关注这个话题，却对正确信息知之甚少。

所谓梦遗，是指睡眠中排出精液的行为。梦，就是做梦的意思，所以叫作"梦遗"，也称"梦泄"。梦遗英文为nocturnal emission，即睡梦中的射精。

并非因为做了春梦或者在睡梦中感觉到性快感才会排出精液。不过大部分男性随着身体发育成熟，都会对性感兴趣，在做春梦时出现第一次梦遗。

我在接受性教育时也是这样学习的，于是以为所有男性都会定期做春梦，对性十分热衷。因此，我曾觉得男性看起来更奇怪，还会莫名对他们产生一种抗拒感。如果我当时正确学习了性知识，可能会有更多的朋友吧。

男性会对梦遗感到害羞和不适，也正是出于这个原因。把梦遗当作性欲的代名词，自然会感到难为情。好在梦遗与春梦并无太大关系。准确而言，睡梦中的遗精称为梦遗，可能伴随春梦或者性快感，也可能与性毫无关系。

梦遗是男性身体的生理调节现象。睾丸具有生产并输送精子的功能，附睾用来储存精子。如果睾丸生产了足够的精子却未能及时排出，就可能出现梦遗。

男性身体成熟，开始出现第二性征，就会制造精子，出现梦遗。不过，也有人没有经历过梦遗。如果在第一次梦遗之前，已经以自慰的形式射精，就可能不会出现梦遗。

当然了，没有过射精行为，并不代表随时会出现梦遗。积累的精子可能会被体内吸收，或者通过滑精排出。所谓滑精，是指在非睡眠状态下，没有经过勃起而排出少量精液。剧烈运动或者轻微的性刺激，都会引发滑精。

庆祝儿子的梦遗

近来，有不少父母也希望像庆祝女儿初经一样为儿子庆祝梦遗。不过，梦遗不像初经那般一定需要父母的帮助，所以很难了解儿子是否已经梦遗，不少父母为此苦闷不已。应该如何为儿子庆祝梦遗呢？

庆祝梦遗与前面谈过的青春期派对一样。首先，父母与孩子之间必须是可以谈论梦遗话题的关系。如果父母和孩子关系亲密，可以一起谈论性知识，庆祝多少次都是可以的。如果连出现性话题都会感到不适，自然就无法突然庆祝什么梦遗，反倒会成为一种心理负担。

如果对性没有什么不适，可以和孩子谈论性知识，就已经做好了庆祝梦遗的准备。那么，应该如何庆祝呢？

首先，要在孩子开始梦遗之前进行相关教育。可以单独讲解梦遗，也可以结合青春期一起说明。想要在第一次梦遗时不感到慌张，积极面对，就应该了解梦遗，对吧？

说明梦遗时，不要把梦遗表述为"真男人的象征"，而是要告诉孩子，这是"健康成长的象征"。就算没有梦遗，男人依然是男人。并非所有的男性都会经历梦遗。出现梦遗不要慌张，洗一下内裤就可以了。

为孩子讲解完梦遗，可以问一下孩子在经历初次梦遗之后，有没有想要收到的礼物或者想要听到的祝福语。谨记在心，到时准备好礼物并表示祝贺即可。庆祝梦遗时，当然不要说"成为一个男人"，而是要祝贺孩子"健康成长"。

此外，父母不要在庆祝时唠叨孩子，表示对过早性行为的担忧或者谈起责任感。性行为与责任的话题，完全可以在日常生活中以其他的方式告诉孩子。只不过在庆祝时，专注于庆祝就好。

　　身为父母，没有比与孩子一起经历成长更开心的事情了。但愿各位父母可以与孩子一起庆祝梦遗，共同感受亲情。

如何迎接初经呢

"听说朋友的孩子已经来月经了。我们家孩子应该也快了,应该做些什么准备,孩子才会喜欢呢?"——10岁孩子的父母

"我第一次来月经时,妈妈非常担心。我能否自己处理好,不再长高了可怎么办,是不是发育太快了等,妈妈似乎在我每次来月经时都会非常担心。"——三十几岁的女性

不论什么事情,第一次总是十分特别。第一次学习走路、第一次见面、第一次恋爱……所有这些经历,光是想想就会令人心潮澎湃,感慨万千。想起初经,也是这样吗?

所谓初经,就是月经的开始,初次开始的月经。初经是身体健康成长的证据。不过,父母都希望孩子的初经可以晚些到来,因为他们认为月经是一件很烦、很辛苦的事情。有的父母会一直担心孩子什么时候开始初经,或者想到孩子这么小就要来月经,心里十分难受。所有这些担忧,都是源自对子女的爱。

然而,孩子却无法理解这种关爱,因为父母未能妥善表

达。如果父母对初经有过负面表达，或者对此过于担心，孩子也难以积极地迎接初经。

如果孩子可以对自己的成长瞬间保持好奇，开心度过，那该有多好啊！父母只要记住以下几点，就可以帮助孩子体会到成长的快乐，对自己的身体有一个正面的认知。

长出阴毛，就要迎接初经

初经一般始于11~14周岁。根据韩国青少年健康状况调查（2015）结果，韩国青少年的平均初经年龄为11.7周岁，且正在逐年降低。我在授课时，也对此有切身感受。

虽然情况因人而异，一般乳房会先开始发育，接着长出阴毛，大约一年之后开始来月经。刚开始周期不太稳定，可能在初经几个月之后不来月经。过一段时间，月经周期变得规律，经血量也会增多。

长出阴毛，就要开始迎接初经了。阴毛是初经的信号。如果阴部长出肉眼可见的黑毛，稍微变得浓密了，就是初经快要到来了。

初经是身体健康成长的关键

有人认为，女生初经后就不会再长高了。大部分女性会在第二性征快要结束时迎来初经，所以就会感觉急速长高的身体在初经之后变得缓慢了。然而，并不是初经后就不再长高了。

因为身高发育减缓而讨厌初经的态度是不对的。初经意在成长，对一个健康的身体十分重要。各位父母请务必注意，不要让孩子因为身高而消极看待初经。

初经不代表成为真正的女人，而是真正的成长过程

很多父母通常会祝贺迎来初经的女儿成为一个真正的女人，这种说法是错误的。就算不来月经，女儿也是女人。在女儿初经之前，父母养的也不是一个假女人。同样，女人在闭经之后，也依然是一个女人。月经并不是定义女人的标准。

初经不是女人的象征，而是成长的象征。各位父母请祝贺女儿的健康成长，并教给她保持健康的方法。例如，月经前后清洗阴唇的方法，或者如何应对痛经等。

懂得才会安心

所有的第一次都会令人激动，同时又伴随着几分不安。害怕失误，担心出现意想不到的状况，心里十分忐忑。为了减轻孩子对月经的顾虑，父母应该教给孩子所需的知识。

月经前兆、痛经、月经侧漏、卫生巾掉落、突然来月经等，父母只需讲一下自己的经历，就会对孩子有很大帮助。（关于月经与痛经，会在后面做详细讲解）

卫生用品也要仔细讲解。大部分父母只会给孩子介绍粘贴型一次性卫生巾。卫生用品有很多种，可以告诉孩子选择最合适的卫生用品。这是大方积极认识月经的一个重要因素。

粘贴型卫生巾分为护翼型和一般型，有4~6个尺寸。此外，还有非一次性的环保型卫生巾、月经内裤和插入型卫生巾。插入型一次性卫生巾分为卫生棉条（导管和无导管）、插入型可重复使用海绵、卫生杯（生理杯）等。

与孩子一起制订初经计划

父母可以和孩子一起制订初经计划，帮助孩子迎接初经。例如，制订一个在学校应对初经的计划。学校、培训班、家、公共场合等，提前制订好适合每个场合的计划。

还可以问一下孩子在初经时想要收到的礼物与听到的祝福语。我曾在初经课堂问过学生，答案真的是多种多样。有的学生说想得到安慰，还有的学生说想听到父母感谢自己健康成长。我们的孩子会想要听到什么呢？

"爸爸想要看到你健康成长，并对你表示祝贺。所以，第一次来月经要告诉我噢！到时候给你买个什么礼物呢？想听我对你说一句什么祝福语呢？"

月经不需要遮遮掩掩

"女儿看到我来月经,要怎么和她说呢?她还看到了我内裤上的血迹,认为是我的失误。孩子还小,似乎不太懂,我就没有解释。什么时候再次向孩子解释比较好呢?"——8岁孩子的母亲

"我比同龄人来月经早一些。当时什么也不懂,还以为自己得了绝症,吓得不行。所以也没敢告诉父母,自己偷偷地哭了起来。"——31岁女性

我们为什么会苦恼如何向孩子解释月经呢?不是因为不知道什么是月经,而是不好意思开口。因此,在进行说明之前,一定要先改变对月经的看法。

我在第一次来月经时,最先学会的就是"不露痕迹",包括不要在任何地方沾染血迹的方法,把卫生巾藏起来不被他人看到的方法,忍耐痛经的方法,消除经血气味的方法等。

没有人对我正面谈论过月经及来月经时的各种变化。经历了10年月经之后,我才终于搞懂月经前兆、来月经时会出现的各种状况等。

我们的孩子也必须经历10年的痛苦与不适吗?向朋友借个

卫生巾，有必要搞得像间谍活动一样躲躲藏藏吗？不能对任何人讲来月经的痛苦，只能独自忍受吗？

月经是大部分女性都会经历的生理现象。只要子宫与卵巢的功能正常，就会来月经。女性的平均月经时长为30年，也就是一生中要经历300多次月经。

不过，不能因为月经是一种自然现象就随意对人提起，或者展示给他人。这并不是因为月经是一件害羞的事情，而是为了保护个人隐私。

月经是一种自然现象，大部分女性都会经历，为什么要遮掩呢？认为月经是一种忌讳，或者将其神秘化，就无法正确了解月经，甚至无法判断窃窃私语分享的信息是否有误。月经是我们正常的身体现象，应该正确了解才对吧？

父母应该牢记月经是一种普遍现象，并且教给孩子，让我们的女儿对月经有一个正确的认识，我们的儿子不要对月经一无所知。

女性在排卵（从卵巢中排出卵子的现象）的同时，为了受精卵着床而变厚变软的子宫内膜也会一并脱落，于是形成了月经。脱落的子宫内膜带有血迹，通过阴道排出，看起来像是流血。

月经周期平均为28天，会持续5天左右。这只是一个平均值，每个人的周期与时长不同，月经量也有所差别，一般为

80毫升左右。经血通过阴道间歇排出，不可人为控制。

应该如何向小学阶段的女儿解释这些知识呢？

第一，把握孩子的基础知识量。先确定孩子是否了解女性的身体器官，以前是否见过月经，再进行讲解。孩子只有先了解了子宫、卵子、精子、卵巢、阴道，才能够理解月经。

第二，不要丑化或者美化月经。月经是一种普通的身体现象，把月经描述得十分高贵和神秘，其实只是变相隐藏月经。这只是一种自然的生理现象，只要正常接受就好了。

第三，当然也要给儿子讲解月经。月经是过半人口都会经历的普遍现象，男性作为另一半也要对此有所了解。为了照料经期的朋友、家人、恋人、同事等，儿子有必要了解月经。

只有所有人理解了月经，女性才能坦然度过经期。制订全家旅行计划时，需要考虑月经周期或者购买月经用品等，月经在我们的日常生活中非常重要。每次遇到什么事情，女性不必再解释月经或者看别人的脸色，请求谅解。

最后，请告诉孩子"月经"的正式名称。父母在进行性教育时，一定要使用正确的名称，前文已经解释过原因。月经教育也是一样。正确的名称不是"生理期"，而是"月经"，是身体的生理现象之一。

不过，绝大多数人别说"月经"了，就连"生理期"也无法说出口，而是使用"大姨妈""例假"等代称，因为我们一直把月经当作一件见不得人的事情来遮掩。从现在起，必须正确称呼"月经"。

关于月经的谣言

经血很脏

很多人认为，因为月经是子宫内的积血，所以很脏。经血并不脏。大众普遍认为经血很脏、有气味，卫生巾销售广告都会强调香味。

经期出血，是因为排卵时黄体退化，子宫内膜脱落。子宫内膜是受精卵着床生长的丰厚土壤。月经的气味并非来自经血本身，而是血液遇到空气中的氧气发生了氧化作用。因此，经血是不脏的。

月经是妊娠的失败

很多人把月经解释为妊娠的失败。月经并不是妊娠的失败，而是我们的身体主动拒绝了妊娠，做出了最佳选择。

卵子会选择性能健康的精子。如果没有精子进入，就没有可选项；就算有再多的精子，只要卵子不做出选择，就不会受精。

而且，子宫内膜细胞可以辨别胚芽是否健康。因此，如果胚芽不够健康，就会拒之门外。我们的身体器官真的非常聪明伶俐！

男性对经血的气味更加敏感

男性对经血的气味更加敏感，是一种极其荒谬的说法。妇产科医生曾经证实过，这种说法并非事实。男性并不具备对气味更加敏感的某种荷尔蒙。如果有男性对气味更加敏感的理由，也可能是因为他们对经血的气味不如女性那般熟悉。

练习说明月经

10岁的孩子看到妈妈拿着卫生巾，提出了这样一个问题："妈妈，那是什么？为什么每次去卫生间都要拿着那个东西？"

这时应该怎么解释呢？首先，要了解一下孩子的基础知识，如果孩子已经对女性的内部生殖器（子宫、卵巢、阴道等）有所了解，只要使用正确的术语按照以下方式对妊娠和性爱进行说明即可。

"嗯，这是卫生巾。女人的身体成熟之后，就会来月经。

这是月经用品。女人的卵巢会生产一种名为卵子的细胞，是妊娠时的必备细胞。大部分人一个月生产一个卵子。卵巢制造卵子的同时，子宫会为妊娠做准备，变得更加厚实。假如卵子不想妊娠，也就没有什么用处，会从体内排出。此时，变厚的子宫壁就会脱落，经阴道排出。子宫壁脱落时会出血，不像我们的小便那样可以控制，所以要使用卫生巾，防止经血沾在衣服上，卫生巾用来吸收这些经期排泄物。"

不要把卵子称为"姑娘"，不要把月经称为"大姨妈""例假"。可以结合图片资料，帮助孩子理解月经知识。

父母要根据孩子的基础知识水平进行说明，孩子没有问到的内容也可以不说。示例中的孩子对卫生巾感到好奇，因此不一定非要解释妊娠、痛经、月经等。当然了，假如孩子以后提出来了，就要解释一下。

在此只是举一个例子，各位父母在平时选择最适合孩子的方法进行说明即可。

女儿痛经很难熬

"我经常因为痛经而旷课。虽然可以请生理假,却只有一天,我很担心学校那边有什么问题。"——15岁学生

"女儿痛经很严重,可我没有痛经,所以不知道能帮上什么忙。我给她买了痛经药。不过吃药会产生抗药性,总不能每次都吃药吧?真叫人担心。"——13岁孩子的母亲

乳房胀痛、腹痛、腰酸、消化不良、情绪敏感、干呕、头疼、腹泻、发冷、呕吐、头晕等,痛经的症状很多,每个人的疼痛程度也不一样。痛经真的是女性的一大苦恼,难怪没有痛经的女人会被称为"神的女儿"。

看到孩子痛经严重,我们十分心痛,迫不及待想要帮助孩子,却又无从下手。如果孩子的痛经非常严重,只有分析一下痛经的原因,才能找到解决办法。

痛经分为原发性与继发性两类。原发性痛经一般由子宫经期收缩引起,是一种自然反应。反之,继发性痛经是指其他疾病导致痛经加重。

原发性痛经与继发性痛经有所差别。首先，确认一下痛经的持续时间。如果痛经从月经开始的前一天到月经开始之后持续一到两天，就是原发性痛经。不过，假如痛经从经期的1~2周前开始，或者在月经开始两天之后依然持续，就要怀疑是继发性痛经，可能患有腺肌瘤、内膜炎、盆腔炎等疾病，需要去医院进行对症治疗。如果患有其他病症，吃多少镇痛药也不会有效果。

就算是原发性痛经，也可能疼得非常厉害。这是因为我们身体会分泌前列腺素。前列腺素可以促进子宫收缩，从而排出经血。不过，如果这种荷尔蒙分泌过多，子宫就会强烈收缩，引发疼痛。这种情况下，镇痛药会很有效。如果疼得厉害，可以去妇产科开一些调整荷尔蒙的处方药。

类别	原发性痛经	继发性痛经
原因	子宫收缩、前列腺素分泌过多	子宫内膜症、腺肌瘤、盆腔炎等
时间	月经开始前，月经开始后1~2天	月经开始1~2周前，月经开始后持续3~5天
症状	小腹刺痛，偶尔伴有头痛、呕吐、腹泻、发冷	原发性痛经的相似症状及性交疼痛、不规则的阴道出血

父母只要掌握了孩子痛经的原因，就可以提供适当的帮助。如前所述，继发性痛经最好去医院问诊。如果是原发性痛经，根据疼痛的种类，治疗方法也有所不同。

如果小腹刺痛、痉挛严重，便是由子宫剧烈收缩引起的。此时要注意休息，可以用热敷袋保持小腹温暖。这种做法可以释放子宫内聚积的经血，减少子宫的收缩运动。有人认为做做运动或者拉伸一下比较好，不建议卧床。不过，运动或者食疗法都是平时该做的，如果痛经严重，最好还是休息。

经期可能还会出现腹泻，这是因为子宫的位置靠近肠道。子宫收缩刺激了膀胱和肠道，我们就会经常去卫生间。这种情况下，可以在经期调整一下饮食，多吃温热的食物，不要喝冷饮或者富含咖啡因的饮料，多喝水。此外，蔬菜比肉类更适合经期，易消化的食物较佳。当然，适合每个人的食物略有差别。

如果体温下降，发冷头晕，则可能与贫血有关。这种情况，可以通过饮食或者营养补充剂充分摄取铁元素。并且，休息是最基本的。

除此之外，还有很多方法可以缓解痛经。适合每个人的方法并不相同，最好多做尝试，找到自己的专属方法。不过，假如痛经十分严重，以上方法可能没有效果，或者效果不明显。此时，镇痛药才是最佳选择。

很多人认为药物会有副作用。然而，比起痛经的痛苦，还是求助镇痛药尽快恢复更好。不过，要避免服用含有咖啡因的药物。镇痛药本身并没有抗药性或者成瘾的问题，长期服用含有咖啡因的药物却会产生抗药性。因此，一定要选择不添加咖啡因，并且适合自己身体状态与痛经症状的镇痛药。

镇痛药分为解热镇痛药和消炎镇痛药。简单来讲，解热镇痛药可以提高身体的疼痛等级，遏制前列腺素的生成，有助于缓解痛经。代表性的药物有泰诺林等。不过，解热镇痛药会给肝脏带来一定的负担，肝功能不佳的人不推荐服用。

消炎镇痛药会遏制前列腺素的生成，对痛经十分有效。代表药物有布洛芬系列等。不过，这类药物会加重肠胃功能障碍与肾脏负担，饭后服用较佳。

我是从哪里来的呢

"孩子是从哪里生出来的呢？同学们都说是从屁股里生出来的，我觉得不大可能啊……"——四年级学生

"学校有个作业，让孩子写一写自己出生时的故事。和孩子的对话过程中，她问我孩子是从哪里出来的。虽然有点慌张，我还是给她解释了孩子是从妈妈双腿之间出来的，不知道这种说法是否准确。"——10岁孩子的父母

大家都给孩子讲过什么样的诞生故事呢？从桥下捡的，送子观音送的，仙鹤叼来的，故事真的是多种多样。最近，幼儿园或者托儿所开始实施性教育，小朋友很早就会开始学习诞生这一课，应该已经听过精子与卵子相遇的故事了。不过，尚未解开的疑问依然不少。尤其上小学之后，随着年级的增长，疑问就会越来越多。

"所以，孩子是从哪里出来的呢？""'那里'又是哪里呢？"

孩子到了小学阶段依然会提出这种问题，是因为之前的教

育只是一些有趣的"故事"罢了,却遗漏了真正必要的信息——生殖器。其实,上面那些问题的答案非常简单。"通过女人身体里的阴道生出来的啊!"孩子于是又会问了:"什么是阴道呢?"

阴道是连接女性外部生殖器与子宫的器官,属于内部生殖器。阴道口在大阴唇与小阴唇内部,距离肛门的距离比想象中更近。阴道和肛门之间的部分称为会阴。阴道一直通向子宫,为了阻断外部细菌进入身体,所以呈弱酸性。而且,阴道分泌物可以起到自我清洁与维持阴道酸度的作用。我们的身体真的非常聪明!

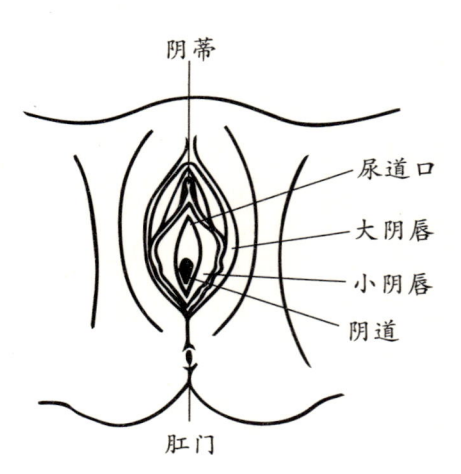

阴蒂
尿道口
大阴唇
小阴唇
阴道
肛门

其实,我们在学习身体名称与构造的同时,也应该一起学习生殖器的构造。通过唱歌学习头部、肩膀、膝盖、眼睛、鼻子、嘴巴时，也应该一起唱出生殖器才对。如果说出生殖器会感到不适，那就需要重新读一遍前面的第一部分（Part 1）。说出眼睛、鼻子、嘴巴时，我们觉得没什么；阴唇和阴道也同样是身体的一部分，我们应该以同样的态度接受它们。

好，如果已经介绍过阴道，孩子也理解了，就要进入下一个阶段了。孩子一般会接着问："孩子那么大，阴道有那么宽吗？"因为阴道由肌肉组织构成，伸缩性很好。因此，孩子从子宫里出来，经过阴道，离开妈妈的身体。

如果前期进行了良好的生殖教育，之后关于青春期身体发育、性关系、避孕等话题就会容易得多。各位父母请务必向孩子准确、坦诚地传授这些必备知识。

孩子开始自慰了

"都说自慰是一种'自然行为',却不太好接受。女孩一般不会自慰吧?如果看到了孩子自慰,真不知道该怎么应对。"——11岁孩子的父母

"这么小就懂得性快感……如果自慰过于频繁,不会出什么问题吧?听说要送孩子一卷手纸,那也太为难了吧,所以想让丈夫和孩子谈谈。不过,孩子爸爸说不用理会就可以了。"——12岁孩子的母亲

每次性教育课程都少不了自慰的苦恼。大家都知道自慰是一种"自然行为",心里却又感到不适。就算具备了关于自慰的充足知识,却也很难实施。理由主要分为以下两种:

第一, 对性的不适感。前面已经说明过,性教育不只是在讲性行为,还是理解自我和他人的辅助工具。不过,我们依然对性感到不适,心存压力。这种现象十分正常,就连性教育讲师也花了很长时间才能坦然地接受性。因此,家庭性教育应该尽早着手准备。因为只有父母率先准备好了,才能和孩子进行交谈。

坦诚地写下自己对自慰的感觉、想法、印象等,然后找出

自己感觉不适的部分，想办法解决。这一点非常重要。如果感觉自慰"很脏""很不适"，就有必要思考一下自己为什么会对释放性欲有负面认知。

此外，可以想一下是不是对性有什么误会或者错误认知，或者受到了社会习俗、性别固有观念的影响等。和配偶或朋友们聊聊自慰，也是一个不错的方法。

第二，认为小学生尚未成熟。在韩国社会，小学生不是一个独立的个体，而是被归类为"孩子"或者"学生"，尚不具备自我判断与决定的能力，是需要管理和保护的对象。因此，父母会认为儿童尚未成熟，儿童的性需要接受无条件的保护。

不过，性不是依据年龄、智能、经济能力等条件获得的特权，而是任何人都具有的构成要素。我们必须承认，我们的孩子在成为我们的孩子之前，他首先是一个人。

自慰礼仪

确保是私人空间

自慰是一种极其私人的行为。不顾他人意愿而向他人展示自慰行为，属于性暴力。除非双方协商一致，否则自慰只能在私人空间进行。

不过，有些情况下无法充分确保是私人空间。例如，没有自己的房间，或者空间不够封闭。为了避免彼此之间的这种尴尬，父母应该尊重孩子的私人空间。

请告诉孩子，如果不方便进行空间隔离，可以在卫生间等地方锁上门，创造一个私人空间。

必须保持清洁

生殖器非常敏感，很容易感染细菌。因此，自慰时保持清洁非常重要。不仅是生殖器，手、自慰工具等都要清洗干净。而且，进行自慰的场所也要收拾一下比较好。

安全第一

请告诉孩子，一定要把自己的身体安全放在第一位。首先，注意在自慰时不要伤到生殖器或者其他身体部位。没有提前剪手指甲，或者使用非自慰工具进行自慰等，需要遵守安全规则。还有，不能过度自慰，否则会有害健康甚至影响生活。

切记事后整理

违背他人意愿而展示自慰行为是一种性暴力，自慰后不清理痕迹也会令他人感到不适。请告诉孩子，我们有支配自己身体与选择自身行动的权利，自慰之后也有清理痕迹的义务。

关于自慰的谣言与自慰的真相

只有男人才会自慰吗？

自慰是指自我满足性欲的行为。自慰不仅是抚摸自己的身体，还包括性想象。通过自慰，也可以探索和理解自己的身体。因此，任何人都会自慰，不分男女，也与年龄大小无关。

自慰会导致不长个儿吗？

流传这样一个说法：如果在出现第二性征的青春期过度自慰，身高就不再增长，或者身体发育迟缓。不过，只要稍微动动脑筋就会知道这是一个错误信息。自慰受性激素的影响，身高受生长激素的影响，自慰和身高没有任何关系。

如果自慰过度，生殖器就会变色？

生殖器的颜色是与生俱来的。到了青春期，生殖器会通过第二性征呈现出自己的固有色。自慰或性关系的次数，与生殖器的颜色完全没有任何关系。

自慰会使阴唇变大、阴茎变弯吗？

　　阴唇与阴茎的外形会在发育中逐渐发生改变。因此，只是看起来和以前有所不同而已，并不是因为自慰才发生的改变。人的身体并没有那么容易改变。如果通过自慰行为就能改变生殖器的外观，为什么还会有人花费那么多时间和努力去做整形手术呢？只要不是受到强烈刺激，生殖器会一直保持出生时的模样。

发现孩子自慰怎么办

　　"我进了12岁孩子的房间，天哪！孩子正在自慰。他甚至一边用手机观看淫秽内容，一边进行自慰。我们对视的瞬间，我赶快关上房门退了出来。孩子把自己关在房间很久没有出来。这种情况下，我应该怎么处理才好呢？"

　　父母直接退出房间，孩子很长时间没出房门，父母应该没能和孩子进行相关谈话吧？这种亲子关系不适合给孩子讲解自慰行为或者进行相关教育。因为不仅是父母，孩子也会感到不适。

反倒保持沉默比较好。不过,父母不敲门就进入孩子房间,是一种不尊重界限的行为,有必要向孩子道歉。就算没有目击孩子的自慰行为,这种做法也是错误的。

如果可以和孩子谈论性知识,请记住前面的内容,告诉孩子自慰的礼仪。在此需要注意的一点是,父母不要对自慰行为本身带有负面情绪。如果因为孩子在观看淫秽内容,就批评孩子或者没收手机,会失去和孩子谈论性知识的机会。这只是一种极其自然的好奇心,父母就算心里不满,也一定要忍一下。

就算孩子观看了淫秽内容,比起切断观看途径,孩子的性意识不受影响才是最重要的。这就需要孩子具备区分健康与非健康媒介的能力。这部分内容会在后面进行详细讲解。

没有怀孕，为什么要去妇产科

"孩子说自己的下面一直瘙痒。不过，现在去看妇产科也太早了吧……应该从几岁开始看妇产科呢？"——10岁女孩的父母

大家是从几岁开始看妇产科的呢？现在会定期去看妇产科吗？"一定要去吗？"与妇产科有关的提问中，许多内容与此相关。虽然世界发生了很大改变，大众对妇产科的认识却似乎依然如旧。如果穿着校服的少女、年轻女性进了妇产科，就会引发众人关注，无人不想一探究竟。

几年前，一位女歌手刚刚住院，就被怀疑是终止妊娠（堕胎）。那篇报道下面还出现了很多恶性评论，例如"乱搞""诊断书是不是假的""很多偷偷怀孕生孩子的"等。这位歌手在自己的社交账号上写下了这样一段文字："为什么女艺人必须偷偷看妇产科呢？不管是内科、外科……希望所有的女艺人都可以大大方方地去医院。"

这种认知问题并非只局限于女艺人。当今社会的性观念与错误规范共同威胁着女性的健康。在这种社会氛围下，女性去妇产科成为一大难题，无形中增加了患病概率，同时导致女性

对性健康的无知。

妇产科由负责生育的产科与女性疾患的妇科构成，不一定与妊娠、生育有关才会去妇产科。妇产科专家建议，从迎来月经的青春期开始就要定期看妇产科。任何女性都可以去妇产科，与是否结婚、妊娠、年龄无关。

不过，据韩国女性民友会的调查结果显示，韩国女性首次看妇产科的年龄占比最多的是20~29岁（76.7%），其次是30~39岁（12.3%），主要目的是确认是否怀孕。这个结果表明，妇产科至今依然与妊娠和生育相关联。这种想法造成了未婚性行为"不正常、不正确"的观念。

最终，女性很难守护自己的健康。韩国保健社会研究院调查表明，多半（56.9%）成年女性经历过生殖健康的异常信号，却没有去医院就诊。是谁把女性赶出了医院呢？

很多人为了躲避社会视线，会和妈妈、朋友、男朋友、丈夫一起去妇产科。这个现实令人感到非常惋惜。妇产科充分体现了社会对女性身体健康的规范与性意识。为了孩子的健康，首先要改变社会意识，方便每一位女性都可以大方地去看妇产科。

为了不向孩子传达关于妇产科的消极想法，必须降低妇产科的门槛。父母可以先给孩子讲讲妇产科是一个什么样的场所。请告诉孩子，任何女性都可以去妇产科，那是一个守护自己健康的地方。由于"妇/产科"这个名字，可能会有人认为只有已婚女性或者产妇才能去。父母可以告诉孩子，为了改变这种想法，最近国家正准备把妇产科的名称改为"女性医学科"。

此外，父母还要了解什么情况下必须去妇产科。阴道炎或者外阴炎、月经不调、不定期出血等，一定要去医院做个检查。最好提前了解清楚去妇产科需要填写的材料。父母应当提前告诉孩子，为了选择合适的治疗方法，看妇产科时可能会询问最后一次月经的日期或者性经验、妊娠的可能性等。这样做是为了缓解第一次去看妇产科时的紧张情绪，希望可以通过这种交谈减轻孩子对妇产科的负担与恐惧心理。我们在生病的时候，随时可以去医院。

最后，请告诉孩子可以自由选择的内容。例如，可以选择使用哪种阴道镜。很多女性不喜欢阴道镜的冰冷感觉。如果感到不适，可以使用塑料材质的一次性阴道镜接受检查。此外，还可以要求秘密检查或者在接受检查之前询问详细的检查过程。

必须去妇产科的情况

- 白带发黄发绿，或者有血丝
- 白带发腥发臭

- 痛经影响日常生活
- 阴唇、阴道口等瘙痒
- 阴唇疱疹或者皮肤外伤
- 严重月经不调或者不定期出血

阴道炎

"孩子下体瘙痒,经常抓挠。我让她别抓了,不过她看起来好像难以忍受。不会有什么问题吧?"
——11岁女孩的父母

"据说白带很多就是阴道炎,青春期也是这样吗?"
——12岁女孩的父母

阴道炎!只要经历过的人,光是听到这个名字就会摇头。我也经常患阴道炎。高中时,我也不懂那是阴道炎,因为白带太多,非经期也贴着一次性卫生巾。阴道炎初期如果不接受治疗,就会发展为慢性阴道炎。因此,一定要认真治疗。接下来,我们主要看一下关于阴道炎的疑问。

阴道炎是一种常见的妇科疾病,临床上以白带的性状发生改变以及外阴瘙痒、灼痛为主要特点。阴道炎通称"女性感冒",是女性的常见病,可以引发心理压力、身体疲劳、免疫力低下等。感染阴道炎与是否发生性关系、年龄无关。

阴道炎的症状

- 阴唇或者阴道口周边瘙痒
- 阴道分泌物变多，浓稠结块
- 阴道分泌物呈豆腐渣状，颜色发黄，或者黄/绿/褐色等（正常白带是不透明的白色，略黏稠）
- 清洗之后，阴道依然有腥味（阴道呈酸性，会有酸味）
- 清洗或者小便时，有刺痛或不适感

如果怀疑是阴道炎，一定要去看妇产科。阴道炎的病因有霉菌、细菌、病毒等。如果不消灭引发阴道炎的病因，就会一直复发。阴道炎像捉迷藏一样，经过一段潜伏期之后会再次复发。因此，去医院接受彻底治疗非常重要。

为了消除阴道炎，有人会用香皂或者女性洗剂清洗阴唇和阴道，这可绝对不是一个好办法。阴道呈弱酸性，可以阻挡外部细菌。如果用碱性或中性香皂、沐浴露等清洗阴唇和阴道，维持阴道酸度的乳酸杆菌就会消失。最终，阴道内的均衡被破坏，阴道炎会加重。女性洗剂也同样不能乱用。只有必须在医院接受治疗时才会推荐洗剂清洗，其他情况则一周一次比较合适。其实，流动水才是清洗阴部的最佳选择。

以下几个方法，可以预防阴道炎。

增强免疫力。压力过大或者免疫力降低，就容易患上阴道炎。父母要正确引导孩子提高免疫力，注意生殖器健康。

换上舒适的内裤。紧身或者尼龙材质的内裤不利于生殖器健康，最好选择棉质、宽松透气的款式。

选择健康饮食。面食、植物油制品、肉类、饮料、啤酒等，不利于阴道炎的恢复。为了增加阴道内的乳酸杆菌，可以多吃含乳酸杆菌的食物。

性病

"孩子小便时痛得厉害，觉都睡不好，我就带他去了医院，诊断结果是性病。我真的非常生气，简直无语了……"——五年级学生的父母

性病（STD，sexually transmitted diseases），听起来似乎与我们的孩子非常遥远。不过在韩国，青少年的性病感染率正在逐年递增。如果在上学阶段第一次发生性关系，性病感染概率会提高3.3倍。"青少年健康形态在线调查"对青少年的性经验与性病感染率的分析结果显示，有性经验的青少年中，10%感染过性病（淋病、梅毒、生殖道沙眼衣原体感染、尖锐湿疣、生殖器疱疹、艾滋病等）。由此可知，性教育的缺失会引发青少年毫无防备地感染性病。

如果孩子染上性病，即性传播疾病，一定要先去医院。在任何情况下，健康都是第一位的。诊断结束之后，父母应该如何与孩子交谈呢？大概会口干舌燥，一时无语，只能无声叹息吧。

这种情况虽然很难接受，不过父母应该首先考虑孩子的病情与情绪。虽然有的性传播疾病没有症状，不过等到父母有所

察觉、必须去医院时，孩子可能已经经历了相当大的痛苦。如果是常见的尿道炎，每次小便都会灼痛；如果是疱疹，生殖器会生出水疱，破裂时会灼痛。孩子忍受着这些痛苦，还要苦恼于如何告诉父母。去医院要花钱，还需要父母的陪伴。孩子要做好心理准备，才会向父母求助。

父母只要在交流中考虑孩子的状况与情绪，就可以把不适的经验转换为信任的记忆。

"应该很痛吧！你一定苦恼了很久，谢谢你鼓起勇气告诉我。"

"性传播疾病与性健康"是联合国教科文组织《国际性教育技术指南》中的必备内容。不过，在韩国的性教育中基本很难做到，因为大部分学校要求的教育只是预防性暴力教育。假如倾听一下青少年们的心声，就会知道他们真的对性传播疾病十分好奇。

如果在家庭中谈论性传播疾病，把焦点放在性健康方面会容易得多。父母可以告诉孩子，感冒了要去医院开药，性传播疾病同样需要治疗。如果性病的症状可以像感冒一样尽人皆知，或者像青春痘一样肉眼可见，治疗会快得多；不了解隐性症状，就会错过最佳治疗期。因此，我们在平时一定要了解自己生殖器的健康状况。

确认一下自己的阴唇长什么样，是否有痤疮、疱疹等。月经是女性的健康信号。如果月经量、痛经、月经周期、阴道分泌物（白带）与平时不同，一定要注意。

阴茎也是一样，请告诉孩子确认一下外部是否有疱疹、痤疮等。最好也要记住平时小便的感觉，因为男性染上性传播疾病时，主要症状是尿痛。

性传播疾病的疑似症状

- 生殖器有伤口、瘤、疣、溃疡等
- 生殖器或者肛门、大腿根部、阴部瘙痒或者灼痛
- 生殖器皮肤红肿
- 小腹疼痛不适
- 小便灼痛不适
- 小便发红或者尿血
- 尿道出现不正常分泌物
- 非经期出血或者经期过长
- 阴道分泌物有气味或者发生了色（黄绿色、黄色、褐色）、量的改变
- 沐浴之后，阴道依然发出腥味

・性交疼痛

★即使感染了性传播疾病，也可能没有任何症状。

性传播疾病的治疗

在医院接受STD检查之后，如果确诊已经感染性病，就要进行彻底治疗。很多人不好意思去妇产科或者泌尿科接受定期治疗，或者因为症状消失，就随意停药、中断治疗。

性传播疾病的潜伏性很强，必须彻底治疗，直到病除。否则，等到身体免疫力降低时，潜伏在体内的疾病又会再次复发，还会加重。患上性传播疾病，最重要的是一定要彻底治疗。

此外，如果有性伙伴，务必一起接受治疗。如果只有一方接受治疗，就会被对方再次传染，这称为"乒乓效应"。请告诉孩子，确诊之后一定要通知对方，一起去医院接受治疗。

宫颈癌疫苗非打不可吗

"听其他妈妈说，打宫颈癌疫苗会有副作用。所以，大家一致决定都不打。"——12岁女孩的母亲

"我有儿有女，女儿可以免费接种，儿子却不行。除了宫颈癌，其他的疾病也可以预防吗？男性有必要打吗？"——11岁孩子的父母

关于宫颈癌疫苗的传闻很多。我在讲课时，也经常有人提问，苦恼该不该打疫苗。首先，有必要正确了解一下什么是宫颈癌，宫颈癌疫苗预防什么。

宫颈癌是世界上第四大常见女性癌症。根据韩国保健福祉部的统计，韩国国内每年有3 600余名女性确诊宫颈癌，每天平均有2~3名女性因此死亡。令人震惊的是，查明病因的癌症种类并不多，其中只有宫颈癌有预防疫苗。不过，确诊宫颈癌的韩国女性依然逐年递增，尤其未满30岁的女性，感染人数在2 000名以上。我们可以认为，这是由于对于性的社会认知不足、对宫颈癌的知识匮乏所引发的问题。

HPV与宫颈癌疫苗的真相

宫颈癌的病因是什么？

宫颈癌的病因是感染了人乳头瘤病毒（HPV，英文全称human papilloma virus）。男性与女性都会感染HPV，传播方式主要是性接触。感染后没有什么特别的症状，初期很难发现。众所周知，HPV可以引发宫颈癌。其实除了宫颈癌，HPV还会引发外阴癌、阴道癌、肛门癌、生殖器湿疣、肿瘤等疾病。其中，男女都可能感染的病症有生殖器湿疣与肛门癌。因此，预防HPV不分男女。

宫颈癌疫苗有很多种，有什么区别吗？

目前在韩国售卖的宫颈癌疫苗有葛兰素史克（GSK）、默沙东（MSD）四价与九价。三种疫苗都可以切断80%的宫颈癌病因HPV 16型与HPV 18型。至于二者的区别，默沙东四价可以预防引发生殖器湿疣的HPV 6型与HPV 11型，默沙东九价还可以切断包括HPV 31、HPV 33、HPV 45、HPV 52、HPV 58型在内的九种病毒，除了生殖器湿疣，还可以预防外阴癌、肛门癌、肿瘤等。

分类	可预防HPV类型	可预防疾病
女性 （9~26岁）	16型、18型、31型、33型、45型、52型、58型	宫颈癌、外阴癌、阴道癌、肛门癌
	6型、11型	生殖器湿疣
	6型、11型、16型、18型、31型、33型、45型、52型、58型	宫颈上皮内瘤变
	★此外，还可以预防宫颈原位腺癌（AIS）、肛门上皮内瘤变（AIN）（1级、2级、3级）、阴道上皮内瘤变（VaIN）（2级、3级）	
男性 （9~26岁）	16型、18型、31型、33型、45型、52型、58型	肛门癌
	6型、11型	生殖器湿疣
	6型、11型、16型、18型、31型、33型、45型、52型、58型	肛门上皮内瘤变（AIN）（1级、2级、3级）

接种时间不同，有什么区别吗？

从9~45岁都可以接种疫苗，不过接种次数会根据年龄有所不同。以葛兰素史克为例，从9~13岁一共需要接种两次才会起到预防效果。这种接种方式需要遵守接种日期，以第一次接种的日期为准，六个月之后必须进行第二次接种。如果在五个月以前已经进行第二次接种，就必须转换为三次接种。三次接种以第一次接种的日期为准，必须在两个月、六个月之后分别进行第二、第三次接种。

次数	对象年龄	接种日程												
2次接种	9~13周岁	0	1	2	3	4	5	6	7	8	9	10	11	12
		0（第一次接种）、6~12个月之间												
3次接种	9~45周岁	0		1		2		3		4		5		6
		0（第一次接种）、2个月、6个月												

男性可以接种吗？有必要吗？

男性和女性都有可能感染HPV。只不过，女性的症状比男性多，还会出现宫颈癌之类的重病。因此，大多数情况下会推荐女性进行接种。不过，男性可能会感染肛门癌和生殖器湿疣，有必要提前预防。预防HPV是关爱自己与所爱之人的明智之举。

疫苗只在发生性关系之前有效吗？

不是。不管是否有过性经验，医院都会建议接种疫苗。并非有过性经验的所有人都带有HPV。因此，如果提前接种就会产生抗体，可以有效预防此后的HPV感染。

生过孩子了，也没有出现过什么问题。现在还要接种疫苗吗？

其实，女性在年满45周岁以后，HPV疫苗的抗体形成与预防效果不佳，不仅性价比不高，相关研究也不多。比起疫苗，建议定期去医院做宫颈癌检查。

疫苗安全吗？据说有副作用。

HPV疫苗归入韩国国家预防接种计划之后，涌现出大批HPV疫苗引发休克死亡、身体残疾、脑功能障碍等副作用的报道。这些报道的出发点是2015年发表于日本的一篇论文。不过，相关期刊在2017年公开撤回了这篇论文。事实是，由于实验方法不当，注入了正常投药量的100倍，却也只有一只实验小白鼠产生了严重的副作用。

HPV疫苗当然是有副作用的，就像流感疫苗也有副作用一样。头痛（9%~20%）、注射部位疼痛或者红肿（13%~49%），这些症状最为常见（见下页图）。建议在医院接种之后，观察、休息大约15分钟之后再回家。

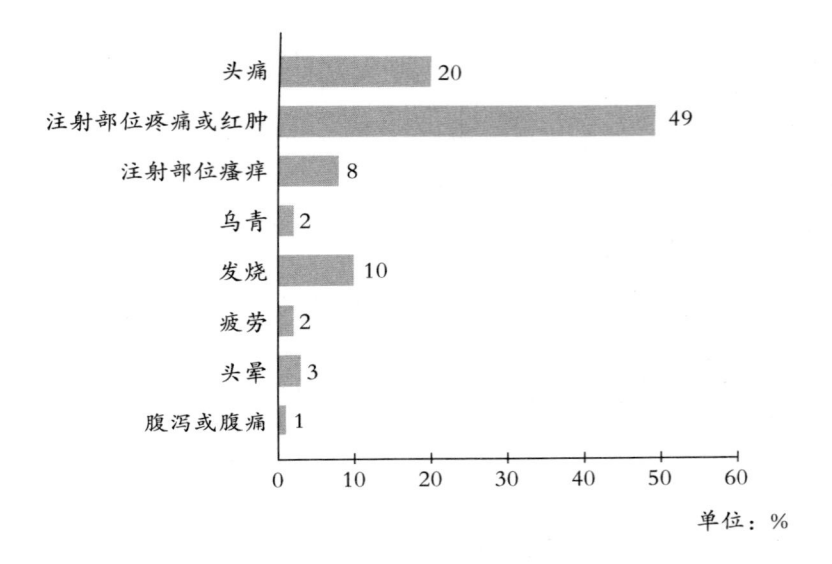

症状	百分比
头痛	20
注射部位疼痛或红肿	49
注射部位瘙痒	8
乌青	2
发烧	10
疲劳	2
头晕	3
腹泻或腹痛	1

单位：%

打了宫颈癌疫苗，就能百分之百预防吗？

很遗憾，并不是。宫颈癌的病因HPV有很多种类型。目前开发面世的疫苗可以预防引发宫颈癌的恶性16型与18型，占所有宫颈癌的80%左右。此外，当然也开发出了可以预防其他分型的疫苗。不过，并不能说可以百分之百预防。

因此，就算打了疫苗，也建议定期做宫颈癌检查。在韩国，每隔两年可以免费做一次宫颈癌检查。通过定期检查，尽早发现癌变最为重要。

Part 3

如何向孩子科普性文化

家庭和学校生活中可能会出现各种性问题，父母在养育孩子时可能会产生各种性苦恼，阅读本章会对此有所帮助。然而，由于我们已经习惯了各种社会习俗，可能很难接受新观念。各位父母不妨参考本书的内容，慢慢思考一下。这个苦恼的过程有助于与孩子进行性对话。

家人之间的尊重

教师:"今天上课时,学生们选择了'私人空间'作为青春期的必备。"

父母:"天哪,真的吗?孩子们都有自己的房间啊……"

教师:"您是不是不让孩子关门?"

父母:"啊……"

"青春期"可谓最常见的性教育主题。我在课堂上会让学生们思考一下青春期最想拥有的,或者自己现在最需要的东西。金钱、手机、私人空间、内衣等,学生们的选择多种多样。

我一般会让学生从自己的三个选项中选出最想要的一个,其中选择最多的便是"私人空间"。其实,大部分学生都拥有自己的房间。名义上是"自己的房间",却随时可能会有他人闯入,也不能关门。学生们需要的并不是"自己的房间",而是"私人空间"。

父母担心孩子会关上房门做坏事,或者只玩游戏等,以各种理由禁止孩子自由使用自己的房间。何止生理界限,就连心理界限也被侵犯了。

学生们进入青春期，需要拥有一个私人空间。在这里，孩子可以放心苦恼、自由思考，也能避开他人视线。然而，假如感觉最舒适的个人房间永远是开放的，任何人都可以随时闯入，这还算是真正属于自己的房间吗？

我们之前已经讲过不少关于界限的内容。"亲亲姨妈。""抱一下奶奶，给你块糖。"这些表达都侵犯了孩子的界限。不过，界限不只存在于身体。

假如有人询问起我们的恋爱经历，或者初次见面的人索要我们的联系方式，朋友谈起我们的身体尺寸……此时，他们虽然没有和我们进行直接的身体接触，我们依然会感到不适。这些情况明确表示，我们也存在心理界限。

同样，我们在自己的房间里可以感受到私人空间的界限。因此，进入他人的房间时，一定要先敲门，请求许可。然而，如果我们无法关上房门，就体现不出也感受不到所谓的界限。

"门"是人们最容易看到、感觉到的界限形态，也是用以练习尊重界限的最简易装置。敲敲门或者在门口询问一句"可以进来吗？"表示对对方的尊重。

我继续问学生："敲门之后立刻进来，可以吗？"他们立刻回答："不可以！需要先征求房间里的人的同意！"我又问："好朋友和家人也一样吗？"他们的回答是："那当然！"

原因有很多，比如，房间里的人可能正在换衣服、打电话，或者只是不想见人。还有的学生说，关上门显然是有原因的。

我们在前面已经学过，进入孩子的房间目击了自慰行为时应该如何解决，所以各位父母应该明白敲门的重要性吧！不过，父母在敲门之前，是否应该先允许孩子拥有自己的界限呢？

此外，不要随便谈论身体，不要追问恋爱或者朋友关系，孩子表示不愿意时不要强迫等，父母也要思考一下如何尊重孩子的这些无形界限。

我们多么希望所有的界限都像房门一样是肉眼可见的，然而人的界限是无形的。了解家庭成员的界限，制定出尊重这些界限的规矩。通过这种界限规矩，可以构建一个更加祥和、平等的家庭。

上小学的兄妹可以一起洗澡吗

"我们的家庭关系十分亲密,不穿衣服在家里走来走去也不觉得有什么不正常。所以,爸爸会和女儿一起洗澡,上小学三年级的儿子也会和一年级的女儿一起洗澡。不过,我也会苦恼这种做法是否合适。"——10岁、8岁孩子的父母

"我平时负责给孩子们洗澡,最近却觉得和女儿一起洗澡有点不方便。虽说是家人,但是男女有别……不过,这种话又难以说出口。"——8岁孩子的父亲

很多父母都会苦恼如何给性别不同的子女洗澡。我在小学进行父母教育时,总会遇到相关的提问。各位读者在家里会怎么做呢?

我们小时候也曾和异性一起洗过澡,并且没有感觉到有什么不对吧?一个家长要给两三个孩子洗澡,一起洗是最省力的,孩子们也没有觉得不方便。然而,慢慢地就会产生苦恼。

家人之间可以随意裸露,还是说到了一定年龄就要分开洗澡,我们会对此感到不知所措。不仅是洗澡,在房间里不穿衣

服走来走去也是一样。

这个提问没有标准答案。不过,答案也很简单:父母或者孩子,只要有一个人觉得不舒服,就应该分开洗澡。这与年龄、性发育阶段无关,而是界限的问题。

就算是家人或者和我们关系亲密的人,只要我们不愿意,任何人都不能随意察看或者触摸我们的身体。因为我们都是有界限的,父母与孩子之间也一样。

如果父母在孩子面前展示自己的身体会感到难为情,就要毫不犹豫地开始分开洗澡。同样,父母也应该确认一下孩子是否感到不适。虽然这只是微不足道的日常琐事,却是学习界限的大好机会。父母可以趁机教给孩子,就算是家人,只要我们不愿意,任何人都不能闯入我们的界限之内,我们理应得到尊重。

不过,假如孩子已经开始第二性征,发育了不少,却依然不觉得难为情,父母应该怎么做呢?其实,孩子上小学之后就应该练习独立洗澡。这并不是家人之间的界限问题,而是为了让孩子认识到家人之外的他人的界限。

家人对彼此的身体不感到难为情,对身体有一个正面的认知,这一点非常好。不过,我们都要在这个社会中生活,不仅要接触家人和亲戚,还要去上学,婚后还会拥有新的家人。我们不可能每次都询问对方的界限并征求同意,或者一边犯错一边学习。

我们必须了解界限的普遍范围，懂得尊重他人。小学的体系不同于幼儿园与托儿所。与幼儿园相比，小学的每个年级都有很多学生，老师无法关注到每一个学生。而且，孩子还要学习新的规则。

孩子必须在这个时期练习体谅他人、尊重界限，培养亲密感。练习独立洗澡也是其中一环。在日常生活中熟知如何尊重异性的界限尤为重要。

韩国现有的公众卫生管理法规定，5周岁以上的儿童只能进入同性浴池。这条规定反映了人与人之间的界限。有的父母可能并不介意孩子看到自己的身体，或者认为姐弟一起洗澡也没什么关系。然而，就算孩子年龄再小，家人以外的其他人依然会感到不适。培养孩子对这种微妙界限的感觉，必须从家庭着手。

如果等到孩子出现第二性征之后才开始分开洗澡，孩子可能会对第二性征产生心理负担。因此，父母应该提前培养孩子独立洗澡。孩子自己能洗干净吗？会好好洗吗？父母当然会担心这些问题。不过，就算肥皂泡没有冲干净，也不会有什么大问题。反倒是不懂得尊重界限，才会引发更大后患。

对孩子的身体接触感到不适

"和亲戚或者其他妈妈聚会时,孩子和朋友们玩得好好的,却会突然坐到我的膝盖上或者钻进怀里。身边的妈妈们都说,长大就好了,这是因为亲子关系好……可我每次都会觉得十分慌张,很有负担。我告诉孩子'小宝宝才会这样',他却并不改正。"——9岁孩子的父母

"孩子越长越高,拥抱时脸会触碰到我的胸部。起初我并没有在意,后来逐渐感到难堪。书上说,要和青春期的孩子增加身体接触,多抱抱孩子,我却十分为难。如果孩子靠近,我真怕自己会推开他,对此感到十分愧疚。"——12岁孩子的父母

父母性教育的课程结束之后,会有很多父母小心翼翼地过来咨询,其中少不了对孩子身体接触的担忧。"是我不正常吗?""是我太敏感了吗?"还会有父母怀疑自己的这种苦恼是否正确。

父母对孩子的身体接触感到不适,却将此表述为"不正常",是因为社会上那些所谓的"正确"养育方式。强调养育

过程中的身体接触会对亲子关系的形成和情绪发展产生正面影响，爱意要通过身体接触来传达。

然而，与亲子关系相比，身体接触首先是自我与他人的关系，这种行为与性有关。因此，他人随时都会感到不适，就算是亲密关系，也可能会在某个瞬间不愿意发生身体接触。这便是个人界限的感觉。

任何人都会有自己的心理、生理界限，有权受到尊重。在家庭中进行性教育时，界限尊重是极其重要的主题。进入他人的界限内之前，一定要先征求对方的同意。

然而，在家庭性教育中，父母往往只尊重了孩子的界限，却错误地摧毁了自身的界限，前面的示例便是如此。在养育子女的过程中，父母的本体性通常会超越"自我"。

父母在采取行动或做出选择时，相较于自身的感受与想法，会优先考虑是否有助于孩子的成长发育。不过，孩子与父母以及其他家庭成员都可以活出自我，才是真正完整的家庭性教育。

那么，出现这种状况应该如何应对呢？

第一， 必须把亲子关系转换为人与人的关系。如果父母承认孩子是一个独立人格主体，就会脱离养育者的观念，成为一个独立的个人，这是性教育的第一步，只有在人与人的关系中，才可能进行性教育。

第二，必须表达出自己的真实感受。比如，不适、不愉快、难为情、难堪、慌张、有心理负担、难以接受等。各位读者的感受如何呢？父母如果认识到了自己的感受，现在就要如实告诉孩子。

父母的表达也是有原则的。在任何情况下都不要埋怨或者批评孩子，这是谈话金律。假如孩子出现这种行为，父母要告诉孩子自己的感受，并教给孩子正确的做法。比如，如果父母对孩子在人多的地方坐到膝盖上感到不适，不妨告诉孩子坐在身边，或者搂着肩膀。此外，还可以建议孩子试试击掌、拉手、勾勾小手指、影子重叠等各种方法。除了身体接触，还有很多方法可以传达爱意。

不过，孩子有时并不听话，不愿停止这些行为。孩子只是喜欢被抱，喜欢身体接触，并没什么恶意，父母既不能责备孩子，也不能发脾气，所以会很苦恼吧。

有一位母亲表示，每次和上小学的儿子拥抱都会感到不适。儿子在"晨抱"时会把手伸进妈妈的上衣里。"拥抱时要把手放在外面""手很凉，妈妈不喜欢"……类似的话说了很多遍，儿子却只表示很喜欢妈妈的肌肤。这种情况应该怎么办呢？

孩子的想法很简单，父母却会感到不适，此时就要适当表现出自己的感受。如果父母大发脾气或者责备孩子，可能会让孩子受到刺激。然而，压抑自己的尴尬情绪也不是一个好办法。

因为这是界限问题,所以要教给孩子如何尊重他人的界限。

父母一定要坚定而明确地告诉孩子自己不愿意。"如果你把手伸进妈妈的衣服里,妈妈就不想抱你了。""妈妈也很爱你,但是不喜欢被摸肚子。以后不要这样了。"通过这种表达,制止孩子的不适行为。

如果孩子略感尴尬,就会意识到自己已经令他人感到不愉快,明白这种行为是不恰当的,也会懂得必须尊重他人的界限。性教育并非一定要去性教育机构,像这样在日常琐事上多加留心,也是一种不错的教育方式。

孩子恋爱了

"我们家孩子开始恋爱了,请务必做一下恋爱教育。可以的话,一定要讲讲避孕和性暴力的问题。"——11岁孩子的父母

"孩子开始恋爱了,性教育可以阻止早恋吗?他还是学生,应该认真学习,而且早恋还会有其他顾虑。"——12岁孩子的父母

我在性教育授课时,经常会见到谈恋爱的小学生。我试着问他们主要以什么方式约会,彼此怎么称呼等。每次看到学生们侃侃而谈,我就会意识到恋爱教育的必要性。

如今,恋爱在小学生之间也成了一种文化。各位父母尚且存在意见分歧,不过反对孩子恋爱的比例已呈下降趋势。在这种情况下,我们应该如何对待孩子的恋爱问题呢?

首先,父母要审视一下自己的恋爱观。想一想自己对恋爱的看法、学习恋爱的途径,以及恋爱得失、对幸福的定义、分手方式与克服过程等。

随后,父母可以以过来人的身份和孩子谈一谈。问一问孩子的恋爱,讲一讲父母的担忧。当然,父母不可以在对话中责

备或者尝试指导孩子。

对孩子来说，恋爱是一件十分自主的事情，是在行使自己的性决定权。因此，如果父母试着处罚或者指导孩子，他们就会感觉自主性遭到剥夺。

孩子的恋爱认知可能会和父母有所不同。我们不该对不同的恋爱态度进行正误评判，而是要以沟通的态度，对孩子的恋爱提提建议，坦诚讲讲父母的恋爱经验、担忧与对策等。

父母也可以问一下孩子恋爱的利弊以及近期苦恼等，或者聊聊孩子的感受，一起思考一下如何表达。恋爱是什么感觉，对方提出自己不喜欢的身体接触请求时应该怎么回应等，也是不错的话题。

父母可以通过这些谈话，与孩子建立一种随时讨论恋爱的关系。大多数学生通过各种媒介学习恋爱知识，父母所担心的很多问题时有发生。

例如，孩子对学习成绩感到苦恼、意外怀孕、遭遇约会暴力等。此时，很多学生因为担心父母的责备而难以启齿，只能选择独自忍受。

父母要建立彼此信任的亲子关系，告诉孩子在发生以上情况时可以放心地和自己倾诉。不论发生了什么事情，孩子都应该相信父母永远会信任、支持并帮助自己。

我们通常会以为，学生时期谈恋爱会影响学业。不过，如果孩子具备强烈的自尊心与自主性，就不会因为恋爱而耽误正事，或者一味迎合对方，做出不负责任的行为。

父母如果真的担心学业，可以帮助孩子树立坚定的自尊心，为孩子做好性教育，引导孩子对恋爱深思熟虑，对自己的行为负责，出现问题时尽快解决。

突如其来的吻戏

"和孩子一起看电视时,如果突然出现接吻或者夸张的触摸场景,真的很难为情。孩子小时候问起接吻,我只告诉他'大人会这样亲亲'……是我说错了吗?"——11岁孩子的父母

从幼儿到青少年的父母,无一例外都会遇到这个问题。各位读者或许也有过这种经历吧?我当然也不例外。和孩子一起看电视剧,突然出现接吻场景,感觉空气都凝固了,非常尴尬。

首先,父母会感到尴尬、难为情,是因为无法与孩子进行性对话。如果可以和孩子一起聊聊与性有关的内容,就算出现了吻戏,也不会感到慌张或者尴尬。我们对性略感不适,和孩子一起看到与性有关的场景,难免会感到慌张。

如果各位读者没有充足的自信与孩子谈论接吻、爱抚等身体接触的内容,就不要和孩子一起观看可能会出现类似场景的电视剧。韩国大部分电视剧的收看年龄级别为15周岁,未满15周岁的儿童必须在父母的指导下观看。然而,如果父母无法对某些场景做出说明,最好还是别看。

如果孩子看到了身体接触的场景并提出疑问，父母千万不要尴尬地搪塞过去。有的父母会慌忙切换频道，嘴里絮叨着："唉，瞧瞧他们，搞什么啊。"孩子会记住这种氛围，认为这是一种难堪的行为。

假如有的父母已经犯过这种错误，也不必感到绝望。因为在15周岁级别的电视剧中，不会出现过分的镜头。不过，孩子的价值观正是由这些微不足道的生活经验与想法累积形成的，所以最好从现在开始慢慢改变。

父母和孩子一起聊聊吻戏，有助于帮孩子树立健康的恋爱观。父母不妨趁此机会，引导孩子轻松面对恋爱与身体接触。

身体接触是向对方展示自己的隐私部位，是一种表达爱意的肢体语言。这是一件好事，同时也是进入对方的"界限"之内，需要足够的沟通与尊重。孩子可以通过这种间接经验，对此展开思考并提前做好准备。

父母不必对此逐一做出解释或者亲身传授。只要放松地与孩子一起看看电视剧，适当解答孩子的提问即可。如果父母想要更认真一些，可以一边观看身体接触的场景，一边和孩子聊聊。

"唉，那个男人没有经过女人的同意就乱来。如果是妈妈的话，一定会被吓到。"父母可以通过这种方式，告诉孩子尊重他人界限的方法。"那种照顾对方感受的身体接触，可以更好地传达爱意。"

重要的是，如果想要交谈顺利，父母就不能说教。看电视是一件很平常的事情，如果孩子觉得连这种小事也要听父母唠叨，父母与孩子之间的对话机会就会越来越少。父母不要想着给孩子灌输什么价值观，而应该营造一种谈心的氛围。把性教育融入日常生活，各位读者完全可以做到，而且会比专家做得更好。

发现孩子在看色情内容

"孩子带朋友回家，一起看了色情内容。我进入房间，他们立刻藏起手机，我便假装没看见。可以这样放任不管吗？"——12岁孩子的父母

"我看了一下家里的电脑，在搜索记录里发现了色情网站。除了孩子，没有别人。想到孩子已经开始看这种东西了，我很受刺激，起了一身鸡皮疙瘩。"——11岁孩子的父母

淫秽内容是每个青春期孩子的父母都会担心的问题。父母给孩子买了智能手机，便担心孩子浏览这种东西；孩子玩会儿电脑，父母同样放心不下。许多父母会很苦恼，假如发现了孩子正在看淫秽内容，要不要训斥孩子呢？接下来，我们就逐一聊聊这些事情。

可以禁止孩子看色情内容吗？

父母们问得最多的问题，就是如何防止孩子看色情内容。父母应该怎么做，才能防止孩子看色情内容呢？这是否有可行

性呢？受学校委托进行"淫秽内容预防教育"的主题授课时，我也会很苦恼。我讲过相关内容，不代表学生们就不会去看。然而，我们又不能在房间里安装摄像头，更不可能切断所有媒介，因为这种教育方式是不对的。

不过，我们也不能放任孩子随意观看，因为这种做法也是错误的。首先，我们有必要保护孩子尽可能晚一点接触这方面的内容。在电脑上安装过滤有害内容的程序，非必要时不让孩子使用手机，因为电脑和手机是孩子接触色情的主要途径。

重要的是看了色情内容也不会上瘾！

假如孩子已经看了色情内容，重要的是如何防止他们沉迷其中。不论父母如何防范，孩子总有一天会看到色情内容，引导孩子不会因观看色情内容而引发日常问题，才是最重要的。

因此，父母有必要根据孩子的性发育阶段进行性教育，也就是避免孩子通过色情内容来解除自己的好奇心。孩子开始第二性征，就会对身体和性爱产生兴趣。好奇的事情越来越多，答疑解惑的窗口却又太少。在这种情况下，孩子难免误以为看色情内容貌似能够消除所有的好奇心，越看越上瘾。

我曾经和学生们谈过这个问题，大多数人都是从小学开始接触色情内容。不同性别当然会略有差别，不过基本都是从小学高年级开始。至于第一次观看的原因，大家都表示是因为好奇，或者偶然看到。

只要父母为孩子做好性教育，孩子就算看了色情内容，也不会对此感兴趣。如果父母无法亲自进行，可以委托学校或者性文化中心、性教育机构等。我们不该遮遮掩掩，把性搞得很神秘，而要实施适合孩子的性教育。

发现孩子正在看色情内容，应该怎么办呢？

父母如果发现孩子正在看色情内容，不要责备孩子，而应该和孩子进行交谈。尝试与孩子对话，并且不要越界，不要让孩子有负担。当然了，不论父母还是孩子，都会对这个主题感到不适。性教育就是思考这些微妙的小问题，逐字逐句进行解答的过程。

与性教育相同，父母还可以在对话中确认孩子是否已经受到色情内容的影响，产生了错误的性认知。

父母要指出色情内容的问题，告诉孩子不要进行模仿，或者对他人提及。孩子可能已经明白了这个问题，不过如果父母再讲一遍，就会起到加深印象的作用。

色情内容与现实生活有很大差别，盲目模仿就会引发性暴力或者不尊重对方的性行为。而且，就算本人认为色情内容很有趣，他人却会感到不适，所以不能对他人讲述。

如果父母向孩子说明了这些内容，孩子以后就算看了色情内容，也会辨别出其中的问题。如果孩子已经看了色情内容，责备是没有任何意义的。更重要的是，如何帮助孩子不要因此出现问题。

关于色情内容，父母要向孩子说明什么

男性为中心

色情内容完全以男性为中心，其中叙事皆以男性的愉悦与性能力为重点展开。女性在其中只是一种制造愉悦的道具，沦为性榨取的对象。我们必须明确的一点是，女人和男人事实上都是性主体，是彼此的性伙伴。

性行为为中心

色情内容中的性行为，缺乏基本的人格关系或者爱情表达。其中人物只集中于性刺激，排斥对方的人格，重点强调性行为，毫无顾忌地侮辱对方，完全不照顾对方的感受，毫无情绪交流。

射精为主

色情内容热衷于重点表现射精行为，而且不是采取普通的方法，这些行为甚至不需要经过对方的同意。除了男性射精，还会夸张展示女性高潮。其中的女性高潮都是不真实的，只是一种夸张手法。

不正常的设定

色情内容中经常会出现一些不正常的设定，以此勾起购买者的好奇心与关注，比如，乱伦、公共场所的性行为、强奸、不真实的身材与性能力、扭曲的性关注等。大多数色情内容的设定都是不正常的，强调一些禁忌性欲，表现错误的性幻想。

暴力性

大部分色情内容都包含虐待因素，包括凌辱场景等，夸张而暴力。然而，由于这是一种表演，我们很难意识到其中的暴力元素。男性过于主动与暴力，性欲旺盛；女性虽然备受折磨或者有意拒绝，却又表现得十分色情，以此消减了暴力的感觉。甚至，最后还会表现得十分享受这种痛苦。这便是误把暴力当作色情的原因。

和孩子一起培养媒介认知能力

不久前，我在电视上看到这样一个场景：著名主持人刘在石问一个小朋友是否认识自己，小朋友说"不认识"，主持人很受刺激。小朋友表示，虽然不认识刘在石，却认识某知名网红。我在那一瞬间切实地感觉到，小学生们最常接触到的媒介不是电视，而是网络。

因此，也难怪父母们会感到担忧。电视节目至少要经过某种程度的审查，不至于太过分，然而，网络媒体却没有这种审查程序。

网络上经常会毫无节制地展示一些暴力、煽情、虚假内容。因此，我们有必要培养自己和孩子的媒介认知能力（media literacy），正确判断所看视频是否合理，会对自己和孩子产生什么影响等。

"坚决不能浏览有害内容"，这种教育已经没有意义。担心孩子接触不良信息，所以没收孩子的手机，这种教育方式是最差的。学生们在手机的陪伴下长大，我们目前需要的并不是严格管制，而是合理利用。

首先，父母应该确认孩子正在使用的媒介。除了前面提到的视频网站，还包括网络漫画、新闻、广告、电影、游戏等。

父母确认了对孩子影响最大的媒介之后，就要收集培养媒介认知能力的信息。

父母还要确认各种媒介所存在的问题。例如，是否存在弱者憎恶、性别歧视、虚假新闻、谩骂等内容。

接下来，父母要和孩子谈一谈。当然，父母必须承认自己并不了解孩子经常使用的媒介。父母不能责备孩子或者控制孩子的媒介使用，而是要向孩子表现出好奇的态度，问一问孩子对这些媒介的看法。

和孩子谈谈这些媒介，问一下孩子是否知道父母为什么不想让他们接触这些内容。大部分孩子会回答说，因为担心他们会看一些奇怪或者有害的内容。如此一来，交谈会变得更加简单。

只要让孩子展示一下辨别好坏的能力即可。如果孩子感到为难，父母和孩子一起寻找媒介中存在的问题，也是一个不错的方法。接下来，共同讨论如何改善这些问题。我们将在后面的练习环节学习这部分的内容。

并非所有的媒介都是有害的。因此，父母要告诉孩子媒介的正面功能。比如，我们可以通过媒介帮助他人、挽救生命、获取必要的信息，这样还有助于选择自己的未来之路。

我们还可以和孩子一起讨论打造健康的媒介环境的必备条件。例如，不进行网络谩骂、不随意谈论少数群体、不传播虚假信息等。

媒介认知能力并不难。通过以下练习，和孩子一起在日常生活中实践一下吧！

培养媒介认知能力

小学低年级

选择一个孩子喜欢、常用的媒介，找出其中的问题。例如，我们不妨从《鲨鱼家族》的歌词开始。

我们不难发现，修饰鲨鱼家族成员的形容词存在严重的性别固有观念。父母可以和孩子一起试着把"亲切、强大、细心、帅气"等修饰词换掉。孩子可能对修饰词了解不多，父母可以准备一些词语卡片。此外，鲨鱼家族成员的颜色也包含性别固有观念，父母不妨和孩子一起玩玩鲨鱼填色游戏。

现代社会中的家庭，可能与鲨鱼家族有所不同。父母应该告诉孩子，世界上有各种各样的家庭类型。

小学高年级

父母可以与孩子一起谈谈媒介的优缺点。例如，聊聊使用社交媒体的利与弊。

"虽然可以通过社交媒体寻找丢失的宠物,却也有可能使自己的照片遭到盗用;在社交媒体上可以得到很多人的支持,却也会传播各种假新闻。"

像这样,从各种角度看待媒介,和孩子一起谈谈其中利弊,并思考一下改善这些弊端的办法。

"要培养确认事实的好习惯,才能辨别假新闻。"

教孩子避孕会不会助长性行为

"孩子好像已经了解性关系了。感觉似乎应该给孩子科普一下避孕方法,却又不知道从什么时候开始。"——12岁孩子的父母

"孩子还这么小,就要教给她怎么避孕吗?要说明的东西可太多了……有点教唆小孩子发生性关系的意思。"——小学保健教师

近来,我切实地感觉到大众对性教育的关注和需求日益增长。同时,同意改变性教育方式的人也越来越多。不过,假如直接提及性关系,还会有点犹豫不决。

"现在就对孩子讲这些,未免也太早了吧!"各位父母是因为这种想法吗?还是因为觉得性关系非常色情,对此感到不好意思呢?不过,孩子的想法却和成人不同,他们可能已经接触了不少相关信息。

我们无法控制孩子对性的关注。不论我们如何遮掩,孩子总有一天会接触到性关系。因此,父母在进行性教育时就必须教给孩子如何避孕。因为等到孩子到了30岁,就无法坐下来接受教育了。而且,在学生时代也可能会有性经验。2018年韩

国青少年健康状况调查显示，韩国青少年第一次发生性关系的平均年龄为13.6岁。因此，我们的教育一定要适合孩子。

改变对避孕教育的看法

据调查，有过性关系的初、高中生当中，只有39%的学生采取过避孕措施。也就是说，半数以上的性关系没有避孕。不过，就算采取了避孕措施，也难以保证方法绝对正确。

有些青少年认为体外射精可以避孕，或者未能正确了解避孕方法，选择了错误的方式。当然，缺乏避孕教育也是原因之一。然而，真正的原因却并非如此。他们想要隐藏性关系，所以无法购买避孕套，只能以体外射精、计算月经周期等方法代替。

众所周知，体外射精避孕并不可取，计算月经周期避孕的失败率也很高。尤其孩子们正处于十几岁的年龄，月经周期很不稳定，不适合安全期避孕。就算是周期规律的成年人，尚且不推荐这种方法，青少年却要以此避孕，真是令人感到担心。

各位父母在苦恼避孕教育的时期和方法之前，有必要再次思考一下青少年的性。不少人对青少年的恋爱与性关系持负面态度。甚至就在不久前，我去学校授课时，班主任表示

"学生时代不该恋爱，赶紧分手"，并打算约谈那位倾诉苦恼的学生。

在学校进行性教育期间，我体会到了青少年的性是多么不受尊重，还经常会和班主任因为或大或小的意见差异而产生矛盾。我越反映学生们的意见与性文化，和班主任的意见差别就越大。如果把性划为禁忌，孩子们便只能在背地里进行。当他们需要成年人的帮助时，也很难开口。

我们总是认为应该推迟孩子的性行为，这种观念要持续到什么时候呢？对性遮遮掩掩，提醒孩子小心防范或者明令禁止，这种教育真的有效吗？孩子们接受了避孕教育，发生性关系时就一定会遵守吗？

我们看待青少年的性的目光依然是违背时代发展的。孩子们现在需要的是实用的性教育。童年的性教育关乎孩子终身的性生活。

父母应该认同孩子的性。孩子关注恋爱、性欲、性行为等，也都是理所当然的事情。父母应该教育孩子不要对此有负罪感，或者因此而产生心理负担。我们应该通过良好的教育，守护孩子安全、平等的性。

避孕教育，应该从什么时候开始呢

现在，我们一起来学习一下应该在什么时候进行避孕教育。如果各位读者阅读过前面章节的内容，心中应该已经有了答案。避孕教育没有一个绝对的时间。第一次梦遗之后的一个星期以内，或者满12周岁那年，这些都不是避孕教育的标准。根据孩子的性发育阶段与好奇程度，教育时间也会有所不同。

我推荐在孩子第一次月经或者梦遗时进行教育。不要只挑出性这一个话题，而是进行系统教育，帮助孩子理解。初经教育之后，紧接着是妊娠、生育教育，如果可以同时进行避孕教育，就再完美不过了。

避孕教育与初经教育一样，应该提前进行，而非亡羊补牢。因为我们必须保证孩子从第一次性关系开始就是安全的。父母在构建孩子的性关系认知时，还应培养孩子的"责任感"。

避孕是一种负责任的行为，也是保证性关系安全的必需条件。因此，避孕教育并不只是简单地传授避孕方法，还要告诉孩子如何为性生活做准备。

根据各种媒介的描述，双方目光对视即会性欲爆发，接着发生性关系，实际情况却并非如此。如果父母告诉孩子要和对方一起讨论避孕，做足事前准备，他们可能会歪着头表示疑问，因为之前他们觉得性关系只是一时冲动。

避孕教育是一个改变性认知的好机会。某次避孕教育之后，我曾收到过这样的反馈："我从来没有认真思考过性爱，现在才明白需要做很多准备。"

不论孩子多大，只要对此感到好奇，父母就不要遮遮掩掩，一定要如实解答。"你长大以后再告诉你。"绝对不能以这种话搪塞。有的家长可能会问："知道太早了，不会有危险吗？"孩子通过网络搜索或者从同龄人那里接触到错误信息，才是更危险的。以错误的方式解除好奇心，才会把孩子推向危险的边缘。

练习说明避孕方法

13岁的女儿问起避孕的事情。她在学校接受了青春期教育，已经学习过月经和妊娠的原理。"如果不想怀孕，需要怎么做呢？"面对孩子的这个提问，父母应该如何作答呢？

如果孩子对避孕知识一无所知，父母只要简单讲讲什么是避孕，有什么代表性的方法就可以了。因为假如逐一说明各种避孕方法，信息量非常大。此外，父母还要告诉孩子，避孕是对性生活负责的必备做法。

"如果不想怀孕，只要避孕就可以了。避孕就是'避免怀孕'的意思，通过各种方法阻止怀孕。就像你学过的那样，性关系与新生命有关，所以在发生性关系之前，一定要做好避孕措施。

"最具代表性的方法就是吃避孕药，以及阻止精液进入阴道。避孕药可以抑制排卵，避孕套可以套在阴茎上，防止精液外泄。

"除此之外，还有很多其他的方法。如果终身不想怀孕，可以去做绝育手术；如果只是一段时间内不想怀孕，也可以做手术，只不过这种方法有副作用，需要咨询医生，谨慎考虑之后再做决定。

"两个人要发生性关系，当然也要一起考虑如何避孕。如果你还有什么想知道的，我可以再把各种避孕方法介绍得详细一些。"

这里只是举个例子，各位父母只要根据孩子的基础知识与发育阶段进行讲解即可。如果孩子还想知道更多的避孕方法，父母可以再讲讲避孕套的使用方法与避孕药的服用方法。

学生也要学习如何避孕

"应该教给学生哪些避孕方法呢？"——13岁孩子的家长

我们在前面已经学习过，学生也可以，而且必须接受避孕教育。那么，给学生进行什么样的避孕教育比较好呢？哪种避孕方法更适合青少年呢？

我在学校进行避孕教育时，会讲解各种常用的避孕方法。"小孩又用不上，为什么要讲呢？"虽然现在用不上，但是我想告诉学生们，以后考虑避孕时，可以多一个选项。多种避孕方法是自主、安全享受性行为的必备条件。

不过，其中大部分避孕方法确实都是学生用不到的。因此，我主要向学生们推荐适合青少年使用的避孕套和避孕药。接下来，我们一起来了解一下这两种方法。

避孕套（避孕成功率98%）

避孕套是套在男性阴茎上的乳胶或聚氨酯材质的避孕工

具。避孕原理是阻止精液外泄，从而也就阻止了精子进入女性的阴道。厚度、形状、气味、光滑度等各有不同。各位或许见过草莓味、颗粒、超薄等各种类型的避孕套，选择最适合自己的避孕套即可。

虽然避孕套的避孕成功率高达98%，却只是正确使用时的概率。如果使用方法错误，避孕率会下降至82%，甚至根本起不到避孕效果。比如，避孕套破裂或者没有套到阴茎根部，那就相当于没戴。

很多人认为，避孕套是成人用品。然而，避孕套是一种一次性医疗器械。当然，有的避孕套添加了增强性刺激的功能，被归类为成人用品。不过，大部分避孕套属于医疗器械，药店有售，青少年自然也可以购买。

各位一定很好奇，为什么避孕套属于一次性医疗器械呢？因为避孕套除了可以避孕，还能预防性传播疾病（STD）。所谓性传播疾病，简而言之，就是性病，是指通过性行为传播的疾病。正确使用避孕套即可在一定程度上起到预防效果。

避孕套的使用方法与优点

避孕套的使用方法

① 确认保质期。如果保质期已过,润滑剂可能会干涸或者变质,一定要使用保质期内的避孕套。

② 捏住避孕套包装的边缘,确认避孕套位于包装袋的底部。这种方法可以防止拆包装时撕破避孕套。拆开包装之后,用手指捏出避孕套。不要使用指甲,以免将避孕套划破。

③ 确认避孕套的前后面,外卷的那一面在前。只要想象一下脱棉袜或者丝袜时的样子即可。

④ 用手指捏住避孕套的储精囊(末端突起的部分),将避孕套倒置,以免空气进入。

⑤ 保持第四步的动作,紧贴着勃起的阴茎末端佩戴避孕套。

⑥ 射精之后,立刻取下避孕套。如果勃起结束,避孕套里的精液可能会流出,因此必须立刻从阴道里拔出阴茎,取下避孕套。

⑦ 把避孕套打结,丢进垃圾桶,防止精液流出。避孕套不会融化,所以不能丢进马桶。

避孕套的优点

① 药店、便利店、超市等处有售。

② 价格低廉。

③ 可以预防性传播疾病。

④ 几乎没有副作用。

口服避孕药（避孕成功率99%）

口服避孕药必须在一段时间内每天服用，虽然有些不方便，但是避孕成功率高，还可以调整月经周期。如果对避孕套感到不适，口服避孕药可以更好地达到避孕的效果。

口服避孕药含有荷尔蒙成分，通过调节排卵达到避孕效果。种类繁多，根据各种药物的成分含量、注意事项等，服用方法略有不同。因此，服用时一定要仔细阅读说明书。此外，每种药物的副作用也有差异，选择适合自己的药物非常重要。

这种避孕方法因为是人为服用荷尔蒙调节排卵，所以有一定的副作用，可能会出现恶心、眩晕、不定期出血等症状，以及性欲减退、阴道干燥、乳房疼痛、青春痘等，严重时应立刻停药，并且前往医院就诊。

避孕药的服用方法与优点

避孕药的服用方法

① 从月经第一天开始服用,此后每天同一时间服用一粒。(从左上端开始,按顺序服用。)

② 历经三周,已经服完21颗药丸,接下来要停药7天。停药期间,会开始来月经。(有的避孕药一共28颗,其中包括7颗胃药,以防忘记停药。)

③ 忘记服药的情况:

只漏服一颗:想起时立刻服用即可,第二天则按照原来的时间服药。

漏服两颗:想起时立刻将两颗药丸一起服下,第二天开始按时继续服药。

漏服三颗:很快就会来月经。剩下的药丸直接丢弃即可。

避孕药的优点

① 可以改善月经周期。

② 可以预防子宫、卵巢等各种疾病。

③ 发生性关系时,可以不使用避孕套,从而避免避孕套产生的异物感。

孩子撞见爸妈在……

"孩子看到了我和丈夫做那种事,还和我对视了。不过,他第二天什么也没说。我觉得自己也没有什么可说的,不知道是否可以这样敷衍过去。"——12岁孩子的母亲

孩子目击到父母发生性关系,光是想想就很难不令人晕眩。如果父母平时从未和孩子有过性对话,此时会更加难堪。虽然动作停了下来,但是父母难免会苦恼该如何对孩子解释,孩子是否会受到冲击等问题。

"会留下心理创伤。""会出现性问题。"父母内心焦急地上网查询,看到的答案却更加令人不安。不过,假如父母能够沉着应对,这反而可以成为一个不错的性教育机会。

父母最担心的莫过于孩子的心理创伤问题,这与父母平时所表现出来的夫妻关系有关。如果夫妻关系不佳,孩子对此产生负面认知的概率更高,很可能留下心理创伤。

如果父母因孩子看到了自己的性关系场面而发脾气或者批评孩子,孩子就会受伤,很容易对性产生负面认知。而且,由于父母已经大发脾气,也便错失了平心静气给孩子解释的

机会。

各位父母也曾有过这样的反应吗？其实不必过于担心。如果有机会，可以给孩子好好解释一下。接下来，我们一起来学习一下该如何向孩子解释父母的性关系，以及该如何应对。

父母发生性关系被孩子撞见，应该如何应对

说明情况

先询问一下孩子的心情，然后进行说明。不少父母通常会急于掩饰，从而做出各种解释。不过，在进行说明之前，有必要确认一下孩子对此的看法。

孩子可能会认为父母正在打架，也可能因为父母正在做淫秽视频中看到的那种事而内心备受冲击，还可能对此没有什么感觉。因此，父母应该先问一下孩子的心情，对此有什么想法。

如果孩子受惊或者感到恐惧，父母一定要对此道歉。夜里可能没有足够的时间多做解释与道歉，不过，确认孩子的感情，并对此表示歉意，越快越好。

不要有负面表述

父母在说明性关系时，不要将此表述为一种错误。关于父

母对孩子进行性教育时的态度、语气、氛围等，前面已经做过讲解。如果父母难掩惊慌，顾左右而言他，对此遮遮掩掩，孩子可能会认为自己或者父母做错了什么。

父母的错误只是被孩子发现，性行为本身并没有错。父母应该坦诚地对孩子做出解释。如果孩子已经明白什么是性关系，父母解释起来可能会比较轻松；反之，只要将此解释为"爱情"就可以了。说不定，那一瞬间正是给孩子进行性教育的好机会。

不过，根据孩子的发育程度、性知识的多少，解释会有所不同。父母可以以提问的方式确认孩子的认知程度。"你知道爸爸妈妈刚才在做什么吗？"然后，根据孩子的回答进行说明即可。

什么是性关系，夫妻之间的性关系十分正常，父母的性关系与孩子的出生有什么关系，对此进行解释即可。如果夫妻之间平时经常表现出爱意，家庭关系融洽，这些内容不会很难解释。孩子也会根据父母的解释，将此理解为"爱情"。

防止这种情况再次出现

最重要的是，父母不要再次被孩子看到性关系场面。孩子在场时当然不能发生性关系，而且不要忘记锁门，创建尊重彼此私人空间的家庭文化。

父母应该告诉孩子,进入父母房间时要先敲门。当然了,父母进入孩子的房间时也要敲门。这是进入彼此房间时必须遵守的规则。

夫妻过惯了二人世界,有了孩子之后,性关系变得很不方便。此时,创造一个可以不被孩子发现、能够发生性关系的空间是一个不错的方法。父母不妨尝试一下去旅馆约会,或者趁孩子外出时发生关系。

看待父母的性关系。因此，父母一定要告诉孩子色情视频与夫妻性关系的区别。

父母在回答孩子的问题时，一定要使用正确的术语，表情自然明朗。如果对相关术语感到不适，则有必要反思一下自己对性的认知。

父母回答完孩子的问题，一定要告诉孩子，不能随意向他人提这种问题。性话题虽然可以在家庭中自由谈论，却会令他人感到不适。

不想让孩子在成年之前发生性关系

"今天上课时，出现了关于性关系的提问，我就对这部分做了解释。"——教师

"那您一定告诉过孩子，成年之前发生性关系是不可以的对吧？"——12岁孩子的父母

"老师，性关系是成年以后的事情！"——16岁学生

我们通常认为，未成年人是一种无性的存在。因此，如果青少年时期发生性行为，就会被区别对待。而且，性是禁忌。然而，我们都与性有关，我们每个人都享有性的权利。

性权利与前面提到的"界限"密切相关。我们不愿意时，可以拒绝身体接触，不接受他人或者某种条件。如果他人侵犯了我们的性权利，则称之为"性暴力"。

性权利并不只是区别于性暴力的安全权，还包括自主决定如何使用身体的权利。没有他人的干涉，对性的所有事情都由自己决定的权利，称为"性的自主权"。以何种方式、与谁、何时何地、是否发生性关系，决定权都在我们自身。因此，我们可以拒绝亲戚的亲吻要求，再亲密的家人想要牵手，也必须

先征求我们的同意。

然而，如果孩子坚信这种性权利可以由父母来管理，就无法正常行使自己的性权利。"奶奶给你零花钱，你要亲亲奶奶。"如果孩子表现出不乐意，大人会说："喜欢你才这么做的。"

孩子习惯了父母代替自己行使性权利，就无法判断自己如何行使性权利才是正确的。而且，假如孩子摆脱父母的控制发生性关系时，认为这种做法应该接受批评，必须改正，问题就会更大。

独立电影《爱很苦》中出现过这样的一幕：两个高中生正在谈恋爱，某天在男生的出租屋里第一次发生性关系。他们当然是自愿的，而且彼此浓情蜜意。性关系结束之后，男生去了超市，隔壁房间的男人进入男生的房间，看到了女生。男人假装要打电话，借走了女生的手机，在女生的通话记录中看到了"妈妈"的电话号码之后，态度大变："我给你妈打个电话，告诉她你做了什么龌龊之事好不好啊？"

女生听到这句话，立刻向男人认错求饶。男人捂住哭泣的女生的嘴，强奸了她，同时大声威胁她要立刻打电话给妈妈。男生在外面听到了这一切，却也无法进入房间，而是跑了出去。电影就这样结束了。

这就是孩子相信父母可以控制自己的性权利的后果。如果孩子正确行使了性权利，却认为要接受批评，就会完全束手无策。因为在这种情况下，孩子会把责任转嫁给自己。孩子会认为，这是因为自己摆脱了父母的控制，行使了性权利，才会出现这样的问题。

就算是父母，也无法控制孩子的性权利。如果想延迟第一次发生性关系的时间，想和孩子谈一谈自由与责任感，父母应该做的不是以年龄控制孩子，而是开始正确的性教育。

父母要仔细说明孩子所享有的性权利，和孩子谈谈性权利遭到侵犯时应该如何处理。一定要告诉孩子，性权利是任何人都无法代行的，不论是家人还是恋人。

当然也要告诉孩子在发生性关系之前应该思考和准备的事情，以及性关系前后自己会发生的变化、避孕与妊娠等信息。性教育不会激发孩子对性的好奇心，从而助长性关系，反倒有助于孩子多思考，为性关系做足充分的准备。在挪威和瑞典，儿童从五岁开始就会接受系统的性教育，青少年第一次发生性关系的年龄也在逐渐增加。

什么是性别平等

"什么是性别平等?"性教育课堂上,经常会遇到这样的提问。性别平等的定义比想象中的简单。首尔市性别平等基本条例中,将性别平等定义为"消除政治、经济、社会、文化等所有领域的性别差异,保障所有人的同等参与权与相关待遇"。即所有人都是平等的,不允许有性别歧视。

这个说明简洁明了,不过并未正确解释什么是性别平等。我们不妨通过几个常见的提问,一起来解开这个疑惑。

为什么叫作"性别平等"

近来,"性别平等"的说法比"两性平等"更加常见,这是为了涵盖所有人。两性平等的"两",代表男性和女性,却少了既不是男性也不是女性的那一类人。

我们的社会将性别划分为男性和女性,一般根据出生时的性器官来决定性别。然而,有的性别并不在这个范围之内。有人既有阴茎也有阴道,还有人的性器官与性染色体不一致。

这类人叫作"双性人"(inter sex)。双性人有多种形态,却在出生时接受手术,或者根据父母的选择来决定性别,也就是成为女人或者男人。忽略性别的多样性,将其一分为二，是我们必须反思的问题。

性别平等不应该排除任何人，不论其外表如何。

现在不是已经性别平等了吗

我们现在所生活的社会中，女人不会像过去那样不能上大学，也不会因为性别原因不能进入某个场所。因此，我们貌似已经实现了性别平等，因为社会赋予了所有人平等的机会。

然而，我们真的可以自由选择并且享有同等的权利吗？性别歧视反倒比过去变得更加巧妙而复杂了。偶尔，它会隐藏在习俗与传统的名义背后。我们的社会中依然存在着父权制与性别歧视。

比如，各位的婚姻生活性别平等吗？不妨想一想家务分担、育儿、节日文化等生活细节。过去都是由女性负责生育和育儿、家务等，现在这种现象依然存在。符合性别的角色与行动、性格、外貌等固有观念也是如此。

性别固有观念还会影响我们的职业选择。由于性别固有观念的存在，我们可能会无法选择自己喜欢的职业，或者根本不在选择范围之内。就算找到工作，也要随时随地遭受不平等待遇。

按照父权制的习俗，育儿是女性的义务，女性会因此被迫中断工作，或者在升职时遭遇性别歧视。女性就算能力出众,也只有极少数能够做到高管,就像是被一道无形的透明玻璃天花板所遮挡。《经济学人》(*The Economist*)每年以经合组织成员国为对象测定"玻璃天花板指数"(glass-ceiling index),遗憾的是,韩国垫底。

不仅如此,薪资差别问题也依然存在。如果男性的薪资水平为100,女性则只有63。此外,女性还要面对暴力、性客体化(sexual objectification)等问题。

性别平等不是男性和女性机会平等、任何事都以五五均分的形式平等,也不是没有性别差异。彼此有所差异,却应该享有同等的权利,才是真正的性别平等。

如果实现了性别平等,会有什么益处呢

性别平等的世界令人心潮澎湃。首先,任何人的生活都是安全自由的,性暴力也会大大减少,可以得到与自己能力相符的待遇与薪资,还会得到机会。如果女性拥有同样的薪资,男性不但可以减轻经济负担,陪伴家人的时间有所增加,也会开始分担家务。

爸爸说，只有男人才能做警察

"我告诉爸爸我想当警察，爸爸说只有男人才可以。"——11岁女生

各位读者看过动画片《疯狂动物城》吗？疯狂动物城是动物世界里最著名的城市。兔子朱迪梦想成为一名警察，然而守护这座城市的警察都是老虎、犀牛、豹子这样体形庞大的雄性动物。朱迪为了实现自己的梦想，来到了疯狂动物城，遭遇了性别歧视的难题。

这种故事可不仅仅发生在电影里。在我们的现实生活中，的确有很多职业是根据性别划分的。认为这种性别歧视是理所当然的，便是我们前面说过的性别固有观念。认为职业应该符合性别，可选择的职业种类就会减少，很难找到适合自己的职业。据研究，性别固有观念越强，所经历的前途障碍就越大。

各位读者也认为有的职业适合女性，有的职业适合男性吗？我在小学讲课时，曾有学生倾诉过自己的苦恼，正是我们前面谈到的内容。因为警察是男人的职业，所以女人不能做。为什么会这样认为呢？

社会对警察有什么要求？正义感、勇敢、运动神经、在危

险中守护他人的能力、快速的判断力等,我们已经对此耳熟能详。这与固有观念中的"男子汉气概"可谓十分相似。

"男人要勇敢。""男人要擅长运动。"这些固有观念的背后隐藏着以下想法:"女人很胆小。""女人需要被保护。""女人很软弱。"我们不断接收这些信息,自然会认为警察是适合男性的职业,女警则非常特别。因此,虽然我们对"女警"这个称呼非常熟悉,却对"男警"感到十分陌生。

《疯狂动物城》中的朱迪,发挥自己的优势,成了一名帅气的警察。因为勇敢与性别无关,只要找对了自己的方法,就可以帮助市民。带有性别固有观念的表达,会妨碍孩子的前途。各位父母不妨把"不适合"改为"你能行",为孩子加油鼓劲。

应该把女儿养得"像女儿"?

> "女儿真好养,不闯祸,聪明又乖巧。真羡慕有女儿的妈妈们。最近都说'有女是福',女儿是最好的。"——男孩的母亲

小学教室里嘈杂不堪。休息时间,我看着孩子们玩着喜欢的游戏自得其乐,也会不知不觉露出笑容。不过,仔细观察一下教室里的场景,就会看到一个由性别区分的小社会。

休息时间只有短短二十分钟,男生们全部一哄而散,在操场各处活动身体。反之,女生们在教室里画画或者玩抓石子、桌游之类。每个学校、每个班级的氛围当然会有所不同,却也都是大同小异。这是因为男生本来就喜欢户外活动、女生很文静吗?还是因为女生天生细腻,所以喜欢做手工呢?

课堂时间又是如何呢?上课时,不同性别表现出不同的反应和水平,我甚至会怀疑这是不是同一个年级。答对的主要是女生,回答怪异、妨碍上课、捣乱的则是男生。更令人惊讶的是,越是到了高年级,这种现象就越发明显。男生和女生接受了同样的教育,为什么会有如此大的差别呢?这是因为女生更加成熟吗?还是因为男生本来就更不懂事呢?

"最近哪有什么性别歧视呀,和我们那时候可太不同了!过去都是男生做班长,女生做副班长,现在的女生什么都可以做啊。"和小学班主任们聊天时,有的班主任如此说道。这位班主任认为,最近和过去不一样了,女学生也可以做班长,这会给班级带来积极影响。比如,老师布置作业或者有什么传达事项时,女生不会有失误,做事也很勤快。

这时,一位低年级班主任插话道:"没错。去吃饭时,如果让男生和女生坐同桌,就不会有什么问题。女生们可懂得照顾同学了,您也可以试一下,简直事半功倍。"新来的班主任边听边点头,像是学会了什么秘诀。

各位读者也对此有同感吗?我当时只感到遗憾与不快。他们所描述的女生,照顾他人,优先考虑他人的感受,习惯性勤劳。这或许就是社会所要求的成为"女性"的过程之一。学生们在教室中本该探索"自我",却要先学习性别角色。

女生本来就成熟文静,所以很理解父母,语言能力发达……这些都不是天生的,而是社会培养出来的,不管是否有意为之。现在,我们是时候对这些"理所当然"的事情提出质疑了。

首尔市某机构曾经调查过青少年在日常生活中听到过的性别歧视语言。以下是女孩最常听到的五句话:

① 女孩的房间怎么这副样子？（女孩子为什么连房间也收拾不好？）
② 女孩要文静，怎么能如此散漫？
③ 女孩要保持身材。
④ 女孩怎么嗓门这么大？小点声！
⑤ 女孩不能这么晚出门。

以上这些言论，源自对女性的外貌、行动、态度、感情等各方面的性别固有观念。性别固有观念决定了什么该做，什么不该做。女性如果违背了这个标准，就要面对尖锐的批判，失去自尊。

为什么学生在课堂上的态度和理解程度会出现性别差异？之前的那个提问，可以在此找到答案。"男生本来就散漫。"因此，男生的散漫会因这种传统观念而被容忍。"女生要文静。"于是，女生的散漫因为这种传统观念而被牵制。男生和女生接收了不同信息，难免会表现出不同的态度与行动。

"本来就是这样。"这句话十分恐怖，因为其默认了性别歧视的文化，认为性别固有观念是理所当然的。我们对女儿的要求和期待，是否也是由这种性别固有观念所造成的呢？在这个充斥着性别固有观念的社会，女性很难找到自我。

小学生对"女人味"的理解：亲切、和气、娇滴滴、漂亮、苗条、性感、消极、顺从、情绪化、会化妆、合群……

　　社会传达给女性的信息，使得她们关注他人胜过自己。我曾经问过小学生们对"女人味"的理解，以此窥见了隐藏在性别固有观念背后的信息。

　　亲切、和气、微笑、娇滴滴 → 必须照顾他人的情绪
　　漂亮、苗条、柔弱 → 外表必须符合社会标准
　　顺从、文静、消极 → 委屈自己，遵从他人的意见

　　女性反复接收这种信息，就会忽略自己的想法与感情，优先考虑他人的标准。这并不是善解人意，而是失去生活中的主人翁地位。性别固有观念剥夺了女性的声音和主体性，后果是非常恐怖的。

　　优先考虑他人，就无法照顾自己的感受。就算自己感到不适，也会因为"不能伤害对方的感情"，从而无法拒绝他人。这一瞬间，界限将不复存在。保护自我的生理、心理界限一旦倒塌，就很容易遭遇暴力。

恋人提出的身体接触要求令我们很有负担，朋友的拜托令我们为难，职场前辈提议干杯或者命令我们给他们倒酒……生活中随时都会存在这种应该拒绝的情况。"不要。"这句话不仅是拒绝，也是建立自我界限的过程。我们应该优先考虑什么呢？社会创建的性别固有观念，还是女性安全主体性的生活？答案已经很明白了。

我们需要拿出积极承认与尝试改变的"勇气"，打破这种固有观念。我们生活在充斥着性别固有观念的社会中，有时会对性别歧视更加习以为常，也会无意中说出包含固有观念的言论。遇到这种情况，勇于承认并主动道歉的态度非常重要。

家庭中的性别平等教育

"我明白性别平等非常重要,却又不知道该怎么教给孩子。"——10岁孩子的父母

许多父母大致理解什么是性别平等,回家后想要实践一下,却又不知道该从哪里开始改变,不知道如何下手,十分为难。提到性别平等教育,就更觉得棘手了。因此,这一节将介绍一下全家人共同讨论并付诸实施的方法。

必须进行家庭性别平等教育的原因

其实,韩国的教科书里包含性别平等的内容,学校都会进行相关教育。学生们到了四年级,会学习性别固有观念,分享自己的经历。此外,学校还可以邀请外部讲师进行性教育授课。根据我的个人经验,学生们已经对性别平等、性别歧视等十分了解。

如果让学生们谈一谈自己经历过的性别歧视经验,大家的答案非常一致:家庭。"女孩的房间怎么这副样子?""男孩

怎么能如此没有自信？""女孩回家这么晚可不好。""男人不能哭。"各位读者的家庭怎么样呢？

学生们在学校打破了性别固有观念，学习彼此尊重，反对性别歧视。然而，家庭中充斥着各种固有观念与偏见的言论，一切行动必须符合自己的性别。学生们该有多么混乱啊！

家庭是孩子们体验、学习的"第二学校"，家庭中也必须实现性别平等。因此，父母要从自我做起，学习性别平等并且付诸实践。

家庭中实施性别平等教育的方法

在家庭中实施性别平等教育的方法很多样。不管采用什么方法，最重要的是"持之以恒"。家庭文化的改变是一个长期过程，这需要所有家庭成员的参与。因此，不论选择什么方法，都要先召开家庭会议，聆听彼此的意见，一起决定做出改变。

改变观念

对"理所当然"的事情提出质疑。没有什么是天生的。"女孩喜欢娃娃。""男孩喜欢跑跳。"虽然我们认为这是理所当然的，其中却蕴含着社会构建的固有观念。男孩比女孩更擅长跑跳，有什么原因吗？身体更结实？更加血气方刚？因为是男性？

再仔细观察一下男孩和女孩的衣服。活动性有很大不同。男孩的衣服主要是裤子，活动起来非常方便，就算溅上泥水也很方便清洗。反之，女孩的衣服大多是裙子或者蕾丝材质，还有饰品点缀，只能手洗。不仅如此，因为这身衣服，女孩听到的嘱咐也不一样。"别张开腿。""活动时小心点。"

女孩喜欢室内活动，男生喜欢户外活动，这些都是天生的吗？我们有必要好好思考一下这个问题。我们认为这些性别特征都是理所当然的，其实大多数都是外力造成的。

分担家务

分担家务是所有家庭成员参与性别平等的方法之一。家务活繁多，需要所有家庭成员共同参与。父母以身作则，通过这个方法教给孩子性别平等与合作精神。

家务活的神奇之处在于，不做时很显眼，做过之后却不露任何痕迹。分担家务劳动之前，必须先了解一下都有哪些家务活。这项工作必须全家人一起参与。找一张大点的白纸，列举一下家务活的种类。我曾经和学生们一起列举过，一般就是洗衣服、做饭、打扫卫生、洗碗等，种类并不太多。这项活动的要点是，细分每一项家务劳动的步骤。

洗衣服包括哪些步骤呢？把积攒的脏衣服分类，放进洗衣机，启动洗衣机。等到洗衣机洗完了，还要晾衣服，叠衣服，重新分类，放回各个房间的抽屉里。有人可能会认为，洗衣服只是按一下洗衣机的按钮，事实却并非如此。

仔细列举之后，接下来就要全家人分别选择自己需要承担的部分。可以定期调换，也可以专人负责。亲自做过一项工作之后，就会明白家务活多费时、多费心了。这绝对不是一个人能够完成的。

多样化的表达

我们在表扬孩子时，对不同性别使用的形容词是不同的。甚至，表扬同一个行为时也是如此。威武、细腻、漂亮、帅气、优秀、可爱、亲切、懂礼貌、有意思……各位父母不妨回想一下自己对孩子说过的最多的话。如果对不同性别使用的词语不同，现在就要有意识地做出改变。这种方法十分简单，却可以消除性别固有观念。

媒介分析

媒介分析需要识别性别固有观念的能力。不少父母可能会觉得这个方法有点难，与孩子一起试过之后却会惊讶地发现，孩子比我们更擅长识别性别固有观念。告诉孩子什么是性别固有观念，并列举几个例子，剩下的交给孩子就可以了。

在孩子的房间里选一本童话书或者一部迪士尼动画片，和孩子一起从头看到尾，然后一起寻找故事中的"女人味"与"男子汉气概"，也就是性别固有观念与性别歧视。

与孩子一起聊聊迪士尼动画片《灰姑娘》，可能会出现以下答案：男人拯救女人，女人一事无成，只能靠动物或者男人拯救，漂亮女人很善良，丑陋、肥胖的女人很邪恶，反派都是女人，男主人公很富有，女主人公漂亮苗条，两人结婚才是完美结局……

媒介分析结束之后，现在一起试着改编故事。像电影《阿拉丁》那样，消除性别观念，提倡自由表达。主人公的性格、着装，故事的展开、结局，都可以随意改编。改编完一个精彩的故事，全家人一起分享，真的会非常有趣。

先有歧视，才有逆向歧视

"和儿子一起看性别平等的相关新闻，儿子却突然说那是逆向歧视。我和他解释，反倒吵起来了。我应该怎么做呢？"——13岁孩子的父母

坦白而言，我也对这个话题感到为难。"应该怎么解释呢？""这样解释可以吗？"我至今仍有同样的苦恼。以性别平等为主题进行授课，偶尔会有学生谈到逆向歧视。就算准备得再充分，我依然会十分紧张。学生们对性别平等十分反感，不听我的解释，课堂氛围也会受到很大影响。我依然在寻找一个完美的解释，不过可以在此分享一下不够完美但比较有效果的解释方法。

父母解释逆向歧视之前，应该先确认一下孩子是否认同性别平等。问一下孩子是否了解当今的社会文化中仍然存在性别歧视，所有社会成员都在努力改善这一现状。如果孩子对性别平等没有一个正面的认知，就难免会消极看待这种努力。

说出"逆向歧视"的男生，大部分会感到委屈。尤其是韩国强制服兵役的问题，已经不仅仅是委屈，而是愤怒了。他们感觉自己作为男人，非但没有什么利益，还要受到不少损害，

也就无法接受性别平等的观念。

这种情况下，父母不要逐一计较，而是应该先对这种情绪表示认同。如果对男生提到性别歧视，他们经常会讲起自己的委屈。兵役制度、搬重物、体能测试的标准等，男性要承受很多负担。"你的确应该感到委屈。"只要这一句话，就会让孩子感觉到父母的理解。

证明性别不平等的相关统计大多以成年人为对象，学生们很难产生共鸣。在韩国，政治、经济领域的惯有歧视屡见不鲜，远远超过了教育、医疗领域。然而，学生们还未曾亲自体验过政治、经济活动，很难对这种歧视感同身受。

我们的社会其实是存在性别歧视的。文化不会自主发生改变。如果任由这种文化继续发展下去，我们的孩子总有一天会遭到不公平待遇。为了早日构建性别平等文化，我们必须积极采取各种有效措施。

就算学生们不能完全接受性别平等，也可以向他们展示一下对逆向歧视的新想法，改变他们的观念。所谓逆向歧视，是指消除惯有歧视的制度与规定实施过度，反而令相反的一方感觉受到了歧视。既然现行的歧视问题是问题之源，那么消除这种歧视就是当务之急。

大多数的逆向歧视，实则源于对女性的歧视，从而增加了男性的负担。例如，强制服兵役的对象是男人，这反映了认为女性柔弱、需要被保护的传统理念。吩咐男生搬重物时，则强调并固化了"男生力气更大"的固有观念。男生的体能测试标准更高，也是一样。

我在说明性别歧视时，会谈到自己养的植物。几年前，我在网上买了两盆花。一盆比图片看起来更加漂亮而芬芳，另一盆却稍显黯淡，叶子的形状也不甚满意。我在不知不觉中只对其中一盆花更加用心浇灌，这盆花自然就长得更快。

如果想要平衡两盆花的大小，应该怎么做呢？把长势不佳的那盆花搬到光线充足的地方，把长势旺盛的那盆花的养料分一些过来。这种做法并不是遏制长势旺盛的那盆花生长，而是把之前享有的营养分给旁边那盆花。

如果看到两盆花的差异却什么都不做，甚至发出这种论调："那盆弱小的植物本来就长不大。"这是不对的。

如果像植物那样只是大小的问题，我们或许可以忍受这种委屈。然而，故事并非如此简单。性别歧视问题涉及人权，关乎个人的幸福与生活、工作、婚姻、前途等。表面看来，积极的改善举措似乎倾向另一方，实则是为了纠正倾斜的问题。

性少数群体

"和孩子一起看电视，出现了女人和女人亲吻的场景。孩子在旁表示疑问，我十分慌张。我告诉孩子，因为她们是相爱的。不知道这样解释会不会激起孩子对同性恋的好奇心呢？"——10岁孩子的父母

电影《波西米亚狂想曲》（*Bohemian Rhapsody*）成为话题之后，我们经常会听到关于性少数群体的说法。不仅是学生，在做父母教育时，也一定会出现相关提问。我们可以通过各种媒介接触到性少数群体，已经对此不再陌生。

然而，很多人依然认为性少数群体距离我们非常遥远。性少数群体并非只存在于媒介中。同性恋者、双性恋者、变性者、无性恋者等，性少数群体十分普通，遍布在我们的周围。

如果各位读者不了解性少数群体的确切含义，我们先来了解一下什么是性少数群体。关于性少数群体的定义和范围，每个人的理解有所不同，一般理解为同性恋者、双性恋者、变性者的合称。

我们的社会认为，女性和男性恋爱结婚，根据出生时的生殖器来决定自己的性别才是正常的。然而，有人会对同性感受

到性魅力，或者认为自己的性别与生殖器不同。他们因这种长期既定的"正常"范围而备受折磨。因此，他们是"主流"（major）之外的"非主流"（minor），我们称之为"少数群体"。

大多数人对性少数群体不甚了解，而且持有偏见。这种拒绝和偏见，增加了对性少数群体的说明难度。因此，如果孩子问起性少数群体，父母会陷入深深的苦恼吧？此时千万不要因不了解而就此敷衍过去。只要我们试着去了解，就会惊讶地发现，性少数群体并没有想象中的那么特别。

说明"性少数群体"

反思自己的偏见

在我们的社会中，至今仍然对性少数群体持有不少偏见。这种偏见不尊重性少数者的个人人格与经历，把他们归类为"性少数群体"。这种标签会引发歧视与暴力。希望大家可以摘下有色眼镜，接受各种颜色。接下来，我们逐一摘下五种有色眼镜吧。

青少年时期会混淆爱情与友情，误认为自己是同性恋。青少年在精神上不像成年人那么成熟，可能会否定自己的性别认同。然而，青少年时期是不断苦恼和探索自我的阶段，说不定会比成年人更加了解自己。对此持有偏见的人难以接受，也无法想象异性恋之外的爱情，还会轻视青少年。

性少数群体的行为很变态。各种媒体把性少数群体与艾滋病等疾病相关联，斥责他们是社会的阴暗面，将其表述得十分不堪。强调一夜情、同性恋酒吧等性少数群体的典型文化，这种刻意渲染只会加强对性少数群体的偏见。

如果经常在媒介中接触性少数群体，成为性少数群体的概率就会更高。如果这是事实，过去的媒介中只有异性恋者，又怎么会出现性少数群体呢？现在也是一样，世界上充斥着各种异性恋电影、电视剧，按照上述偏见推理可知：性少数群体是无法存在的。但事实并非如此。

通过治疗和教育，可以成为异性恋者。性取向并不能通过咨询和治疗来改变，这种治疗根本不应该尝试。过去曾经将同性恋、变性归类为精神病。不过，世界卫生组织已经明确指出，性取向、性本体性并不是需要治疗的疾患。

同性恋能看出来。这种偏见真的非常荒唐。我们会把通过媒介接触到的同性恋类型代入所有的同性恋者，以这种偏见来看待性少数群体。这种以貌取人的做法是不对的。

掌握孩子的相关知识与事前认知

如果孩子问起性少数群体，父母应该先问问孩子对性少数群体了解多少，持有什么认知。以前面的故事为例，父母可以问问孩子："你觉得她俩为什么要亲吻呢？"彼此对话之后，如果孩子表示对性少数群体一无所知，一起查资料也是不错的方法。

使用尊重的词语进行说明

父母可能对性少数群体了解不多，却也没有必要背诵关于性少数群体的所有信息，再对孩子进行说明。不过，对孩子进行说明时一定要使用尊重、平等、人权等词汇。爱情多种多样，人们会以各种方式、各种观点来认识与表达自己。我们不能区别对待和自己不同的人，每个人都应该享有幸福生活。这种教科书式的表述是十分必要的。

改变对性少数群体教育的偏见

很多父母会担心，对孩子进行性少数群体教育，孩子会不会成为性少数者？美国第一位公开同性恋身份的政客哈维·米尔克说：

"我的父母是异性恋者,我在异性恋的环境中长大,为什么会成为同性恋者呢?"

性少数者并不是教育而成的。

讲这个故事时,我总会想起电影《天佑鲍比》(*Prayers for Bobby*)。这部电影根据真人真事改编,内容如下:儿子鲍比公开了自己的同性恋身份,母亲玛丽企图以宗教的力量为他进行治疗。她每天祈祷,在儿子视线所及之处贴上印有《圣经》字句的便利贴。玛丽对同性恋持有偏见,完全不理解鲍比的话,还说出了"不能接受自己的儿子是同性恋"这样的话。

最终,鲍比得不到家人的认可,对社会歧视感到绝望,选择了自杀。玛丽失去了鲍比,这才明白自己错在哪里,开始学习相关知识。她在与某位牧师的对话中,明白了一个事实,说出了以下这番话:

"上帝觉得我儿子没有任何问题,所以没有为他治疗。是我害死了鲍比。"

此后,玛丽在同性恋自由日的演讲中表示:"我对性少数群体的知识匮乏,对儿子使用了不少贬损用语。"这是电影中的经典场景。玛丽成为一名为性少数群体奋斗的人权运动家,致力于保护更多的青少年性少数者的权利。

性少数群体教育属于一般人权领域。如果歧视性少数群体,又怎能真心尊重他人呢?带有歧视观念的人,总有一天会歧视他人。如果孩子持有平等观念，除了性少数群体，也不会随意评判自己和他人。

一句平等的话语，可以培养孩子尊重的态度，向着正确的方向发展。教育我们的孩子不要嫌恶性少数群体，避免性少数群体因我们的孩子而受到伤害。

此外，如果我们的孩子是性少数群体，父母所说的平等会成为最坚实的力量。只要有父母承认自己的存在，孩子就会有勇气去面对这个充斥着嫌恶的社会。

孩子化妆了

"孩子已经很漂亮了,不理解她为什么要化妆。"——13岁孩子的父母

"大家都说现在正是大好年华,我却觉得不够漂亮。不化妆怎么行?"——13岁学生

注重外貌打扮的问题,从中学降到了小学。最近有一所学校,甚至需要家长签署"学生化妆许可同意书"。根据韩国绿色消费者联盟的公布结果,42.7%的韩国小学女生都会化彩妆,中学生则超过70%。

这么小的年纪已经开始化妆,媒体报道中表示出对学生皮肤问题与学习氛围的担忧。同时,认为化妆不符合学生的身份,需要严加控制。还有人认为,化妆是一种个人表达和选择,应该保证个人自由。各位读者怎么认为呢?

孩子想要化妆,父母应该了解一下这句话背后隐藏的问题,即应该明确外貌至上主义与以此为基础的美妆美容产业。外貌至上主义所展示的审美标准始终如一,将外貌划分为优越和劣等,主张外貌可以决定人生的成败,不然怎么会说出"漂亮等于竞争力"这种话呢?

例如，播音员的职业要求是发音与表达能力。然而，播音培训班教授的却是美丽微笑与化妆的技巧。更有甚者，会告诉学生什么样的脸合格率更高，鼓励学生去整容。这种外貌至上主义，养活了美妆美容行业。

美妆美容行业突破成年女性与成年男性的界限，开始跨向儿童领域。网红或者动画片女主角同款化妆品层出不穷，这可不是打扮娃娃用的玩具，而是直接涂在脸上的化妆品。

网络上不乏各种使用儿童化妆品进行化妆的视频，这些都是企业的营销手段。某视频中，小学生贴着卡通面膜，说出了这样的广告词："皮肤变得湿润透亮多了！"不知道从什么时候开始，孩子们已经被培养成美妆美容行业的消费者。

孩子们成长于这种外貌至上主义横行的社会中，对自己的外貌不甚满意。在学校里可以看到很多学生戴着口罩，他们表示对自己没有化妆的素颜感到陌生和不好意思，甚至无法"素颜"与朋友们聊天。对他们而言，化妆是一种自信与自尊。

按照外貌至上主义所追求的理想外貌标准，任何人都会认为自己不够完美。就算是大众认为十分漂亮的艺人，也会有外貌情结，忍受着减肥或控制饮食的痛苦。如果迎合这种美丽标准，自尊感会越来越低。

化妆这种现象中交织着固有观念、外貌至上主义、美容美妆产业的微妙营销等各种问题。为了解决这个问题，不仅是家庭，学校、社会文化也要一起做出改变。

打破外貌至上主义

从自我做起减少对外貌的谈论

"变漂亮了。""瘦了！"我们见到他人，会很自然地提及外貌，有时是客套，有时是称赞。虽然初衷是好的，却会强化"外貌很重要"的社会信息。从现在开始，我们应该在对话中减少对外貌的谈论。例如，看电视时不要评价女艺人的外貌。如果是一位歌手，就多多关注音乐作品；如果是一位演员，就多多关注演技等。

提高孩子的自尊心

一个人崇尚外貌至上主义，难免会评价和贬低自己的外貌。这样做的后果是，对自己的外貌越来越心存不安，自尊感越来越低。提高自尊感的方法很多，我推荐"称赞法"。各位父母不要称赞孩子的天生优势，应该称赞孩子可以通过后天努力提高的能力。比如，不要夸孩子"真聪明"，而是要说"你真努力""努力的样子真不错"。父母平时也应该多对孩子表达爱意，让孩子感觉到自己永远都是一个值得被爱的人。我们可以通过温暖的目光、身体接触、语言表达等,向孩子传达父母的爱。

与学校沟通

学校认为化妆不符合学生的身份,可以禁止学生化妆。但比起这种盲目的控制,学生与教师、父母之间的沟通十分必要。召开班级会议讨论一下化妆,有助于学生倾诉自己的想法。除了化妆,还可以一起聊聊外貌至上主义、性别平等、班级里的性文化等。然后创造一个机会,促成学生代表团与教师、父母的沟通。一成不变地接收社会信息与独立思考的结果截然不同。

向社会传达我们的观点

各种媒介中充斥着外貌至上主义。因此,媒介认知能力十分重要。家长可以和孩子一起成为媒介监督员,寻找电影、电视剧、综艺节目、广告、游戏中存在的外貌至上主义表述并整理出来,上传到观众留言板或者建议事项中。我们的一个"小行动",就能带来社会的"大改变"。

孩子要减肥

"我今天不吃晚饭了,要减肥。"——10岁学生

"女人就应该苗条一点,胖子在学校是会被取笑的。你减减肥吧!"——7岁孩子的父母

减肥大战现在已经与年龄无关,只要是女性,任何人都会经历。小学生也不例外。不好好吃饭,模仿艺人的减肥食谱,吃泻药,刻意催吐等,青少年的这些减肥尝试都是不正常的。

韩国青少年健康状态调查结果显示,女生的肥胖率只有8%左右,不足10%。然而,体重正常却认为自己肥胖的女生高达30%。这个结果是有问题的,我们却并不感到陌生,反而对此习以为常。只要稍微注意一下周围,就不难发现有人正在讨论减肥药。

"关注大象腿,下体肥胖!"——广告语

上网几分钟,已经看到了十多个减肥广告。广告或者美容产品都在强调苗条的身材等于漂亮。无视各种身材体形与尺

寸，反而使用"大象腿""啤酒肚""蝴蝶袖"这样的表达逐一评判我们的身体，好像我们很有问题。不知不觉中，身材评价已经成为一种文化。

我们的社会如今已经由渴望美丽发展为蔑视肥胖，这一点很可怕。肥胖带有"懒惰""自我管理失败""贪婪""恶劣""愚蠢"等标签。各位不妨想一下自己接触的媒介。迪士尼动画片《人鱼公主》中的巫婆乌苏拉贪婪而邪恶，《灰姑娘》中的二姐又懒又蠢。在综艺节目中，肥胖的女性成为搞笑素材，不减肥而复出的女歌手持续被批评不注意自我管理。

不久之前，我准备开始运动，去健身房测了一下身高、体重、体脂、肌肉量等。咨询师看完测量结果，说出的话令我非常震惊。"您之前都做什么了？从来没有想过要减肥吗？"他的这番指责来自一种偏见："只要是女人，就应该进行身材管理。"

很多人认为女性的运动就是减肥。事实是，适量的运动可以保持身体健康。但各种媒介过分渲染瘦在女性美丽中所占的比重——纤瘦的女艺人多么光鲜亮丽、多么上镜，铺天盖地的减肥广告仿佛全世界的女性都体重超标——导致大部分女性面临着身材焦虑。请记住，瘦和美丽、健康不能画等号。

女性为什么要拼命减肥呢？消瘦的身体就是健康，如果不够瘦，我就要对自己的身体有负罪感，我的身体就会成为笑料，会听到很多带有偏见的评价。这种经历对很多女性来说并不陌生，不得不承认的是，很多时候这种评价会打击我们的自尊心，降低我们的积极性。

在家庭中付诸实践

接受自己的身体

在对孩子进行教育之前，父母首先要做出改变，抛弃评价自己身体各个部位的习惯。"太胖了。""腿太粗了。""肚子凸出来了。"我们有时见到朋友就会消极地谈到产生变化的身体吧？有时还会和配偶评价彼此的身材。父母的言论会把这种价值观传达给孩子。父母首先应该接受自己的身体。孤军奋战是无效的，全家人必须一起参与进来，不对他人的身材指指点点。

打造正面的身体形象

寻找身体的各种价值。不是性魅力，而是其他方面。全家人都可以一起参与进来。在地上铺两张报纸，一个人躺在上面，其他家人为其画出身体轮廓。起来之后，报纸上就会显现出一个专属身体。在报纸上写下自己身体的优点与魅力之处。例如，我在感到不安时会触摸自己的小臂，这会使我心情变好。

不要沉迷于媒介

杂志或者视频广告中出现的模特身材几乎接近于虚构。不论模特的身材多么完美，都离不开后期编辑。我们会感觉这一切十分逼真，是因为这种被客体化的模特形象随处可见。多芬品牌曾发起一场真美运动，在宣传视频《蜕变》（*Evolution*）中指出："我们的美感已经被扭曲了。"社会中所谓的美丽，只是技术的结果与假象罢了。

孩子发表仇恨言论

"最近,孩子们真的很爱说'××虫'。孩子们咯咯地笑着,像是在开玩笑,我听了却感到不舒服……"——13岁孩子的父母

"朋友们贬低女性残疾人,拿她们开玩笑。我告诉他们不能这样,他们却说只是开个玩笑,告诉我别太认真。"——11岁学生

某地居民曾经强烈反对建立特殊学校,残疾儿童的父母只能跪下来求他们。何止如此?在酷儿庆典现场喊着口号阻拦游行车辆事件,拒绝收容外来难民入境济州岛事件等,这些"仇恨言论"(hate speech)成了热门话题。到底什么是仇恨言论,使用仇恨言论会引发什么问题呢?

仇恨言论不只是单纯地表达嫌恶情绪,而是一个概念,意味着攻击社会少数群体,对其施加歧视和暴力的思想。社会少数群体不只是意味着一个简单的数字,而是代表着在社会、经济、政治、文化等领域处于非支配地位的非主流群体。其中最典型的例子就是女性、性少数群体、残疾人、黑人、难民等。

仇恨言论的形式多种多样，包括直接攻击社会少数群体、使用侮辱性用语、煽动歧视等。比如，直接骂别人"去死"，或者使用"黑鬼""废物""人妖"等贬低称呼，宣扬"同性恋是一种病，可以治疗"等。此外，还有些言论会阻止社会少数群体行使自己的权利。比如，"残疾人能干什么啊？在家待着就可以了"。

大部分的仇恨言论隐匿于日常生活之中，如果不是直接攻击或者侮辱，危害性并不明显，我们很难察觉这种言论有多么危险。由于仇恨言论源于对社会少数群体的偏见，人们很难意识到这是一种暴力。

仇恨言论会威胁到社会少数群体的生存。这可不仅是说说而已，而是会引发社会群体行为，比如，犹太人大屠杀。

仇恨言论会通过各种媒介对青少年产生不良影响。开玩笑、博关注，青少年都会不加鉴别地进行模仿学习。

如果孩子发表仇恨言论

发表仇恨言论，体现了对社会少数群体的错误认知。因此，我们必须努力控制仇恨言论。如果孩子发表了仇恨言论，父母要立刻有所反应，告诉孩子刚才发表的言论针对了怎样的社会少数群体，是什么意思，听到这种言论的社会少数群体会有什么感受等。如果孩子自发意识到仇恨言论的问题所在，就会减少这种言论。

父母还可以和孩子一起寻找包容社会少数群体的言论。例如，把肤色改为杏色，是为了包容世界上各种肤色的人种。不要问别人是否有"男/女朋友"，而是要问"有恋人吗"，这是尊重别人性向的表达。

当然了，只靠个人努力，无法解决仇恨言论。不过，个人努力汇聚起来，就会成为改变社会的力量。让我们一起打破彼此的偏见，促进彼此的理解，尽快消灭仇恨言论。

随机聊天软件

　　智能手机普及之后，我们的日常生活发生了很大改变。除了联系方式、地图查找、结账方式等，打发空闲时间的方法也变得新颖。几乎所有人都用上了智能手机，这种变化的出现还不到十年。最近几年间，技术快速发展，我们的生活真的变得十分便利。

　　然而，发展并非永远只是正面的。当人们开发出各种形式与用途的软件，问题就开始出现了。不过，法律的更新却不及技术发展迅速，处罚与限制法案大多不够完善。

　　有人开发聊天软件用来犯罪，国家却没有相关限制法案，警察、受害人援助中心为此十分困扰。重要的是，受害人所承受的并非只有困扰。青少年不了解这种问题，很容易接触聊天软件。很多学生为了开玩笑、打发时间而开始使用聊天软件，却因此受到伤害。

　　学生们因有趣而使用聊天软件，随机聊天的配对对象却没有这么单纯。他们的目标可能是互相交换性暗示照片，或者努力促成线下约会。受害人不断增加，青少年依然意识不到其中的弊端。

韩国女性政策研究院青少年教育需求调查

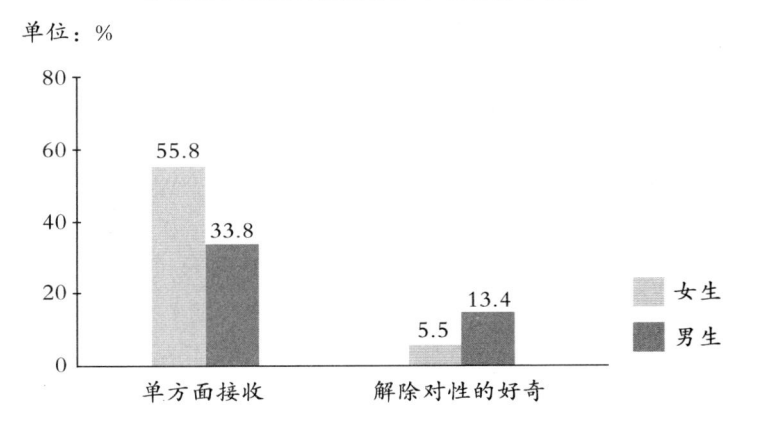

单位：%

	单方面接收	解除对性的好奇
女生	55.8	5.5
男生	33.8	13.4

使用聊天软件并深受其害的多是女生。通过聊天软件收到过身体照片的青少年当中，单方面接收的女生更多，男生大概是女生的半数。为了解除对性的好奇心而聊天的男生是女生的两倍多。这个结果意味着，女生更容易在网络上接触到性内容。受害比例就不必多说了。

然而，孩子们即使通过随机聊天软件受到了伤害，却对此束手无策。"老师，我只是很无聊，所以下载了一个聊天软件，网友却一直让我发照片，还发了自己的照片给我。"课后，一个女学生小心翼翼地告诉我。我问她是否曾经向父母求助，她表示因为怕被父母批评，没有告诉父母。这种事情屡见不鲜，能够保护孩子们的成年人却很少。

尤其涉及性交易的问题时，我们就会归咎于青少年。据韩国未成年女性人权振兴院调查结果显示，90%以上的青少年性交易的初期渗透途径是网络与智能手机。由于是青少年本人下载并安装使用聊天软件，有人称之为"自发性"。然而，假如稍微研究一下安装聊天软件的原因与被迫陷入性交易的原因，就不会说得如此轻松了。

随机聊天软件越来越多，使用的学生数量也在日益增长。因此，不少父母十分担心孩子会因此形成歪曲的性意识或者接触非法媒体而不自知。而且，单方面接收照片或者孩子给对方发了照片之后遭到胁迫的问题也会随之增多。

作为成年人，作为孩子的监护人，我们能做些什么呢？首先，为孩子们构建一个安全的社会环境极其重要。致力于改善保护青少年的法案，也是不错的做法。

其次，在孩子经历困难时，永远要成为孩子的坚实后盾。我们的社会普遍把青少年看作未成熟、没有主体性的存在，然而一旦他们犯了错误，却又毫不留情地责备他们。在性问题方面，这种现象尤为严重。这不是很奇怪吗？父母如果认为孩子们尚未成熟，当然应该接受他们的失误。

现在是时候改变这种视角了。学生不像成年人那般具备充足的社会经验，当然会犯错。因为他们尚未成熟，不如成年人具备辨别能力。而且，出现问题时找不到解决办法，也是理所当然的。

因此，就算孩子遭遇了随机聊天软件的问题，父母也不要埋怨孩子。"你为什么要玩那种东西？！不听妈妈的话，才会出现这种问题！"千万不要这样教训孩子，像是要惩罚孩子。做错的是恶意利用聊天软件的网友，以及明知非法却又难抵金钱诱惑的开发商。一切都是成年人的错。

如果孩子正在使用随机聊天软件

如果各位父母发现孩子正在使用随机聊天软件，一定会十分慌张。不过，千万不要发脾气，也不要批评孩子，而是要和孩子谈一谈。首先，确认一下孩子是否受到了侵害。确认对方是否收到了孩子的照片或者个人联系方式、学校、住址等信息，然后采取一定的措施。如果对方已经知道了孩子的联系方式，孩子可能会有危险，应该考虑拉黑对方，并且更换电话号码。

孩子受到侵害时，最重要的是阻止二次伤害，一定不要让孩子的照片泄露。此时，可以报警或者申请受害者援助机构的帮助。

再者，父母应当安慰受惊的孩子。孩子无人倾诉，一定非常担心。"这不是你的错，受害人也不止你一个。"父母有必要告诉孩子，这种事情以后绝对不会再次发生，让孩子安心。

就算孩子没有受到任何侵害，父母也要谈一谈随机聊天软件。如果父母只是一味强调不要接触这种危险的东西，孩子就会感觉父母十分唠叨。父母可以告诉孩子，很多网友以性关系为目的，一定要谨慎使用。还有，不论对方看起来多么善良有趣，一定不要线下见面。因为仅凭几条信息，无法准确把握对方的人性。

堕胎

"看完了电视剧正准备睡觉,孩子却突然问我什么是堕胎。电视剧里提到了这个词。我只是大致给孩子讲了一下,这种话题真令人为难啊!"——10岁孩子的父母

2019年4月,韩国宪法法院做出了堕胎罪违宪的判决,引发了社会热议。"堕胎"的意思是"打掉胎儿",这个词语给人一种消极的感觉。因此,从现在开始,我将采用《母子保健法》中的"终止妊娠"这个说法。

如果孩子询问什么是终止妊娠,就不难回答了。顾名思义,就是"把肚子里的孩子排至体外"。不过,如果孩子询问终止妊娠是不是坏事,此时不要轻易开口。因为,终止妊娠涉及生命、性、自由与责任等伦理问题。

然而,就算终止妊娠是伦理问题,在很多国家也是合法的,或者正在不断完善相关限制法规。因为妊娠发生在女性的身体里,终止妊娠的决定权不该是国家,而是女性。

世界卫生组织认为,安全合法地终止妊娠是女性的基本权利。全世界有23个经合组织成员国因社会、经济原因允许女性

终止妊娠。我认为，韩国的堕胎罪也会顺应国际趋势，逐渐做出改变。

终止妊娠与避孕密切相关。只要熟知避孕方法，适时使用相关避孕工具，即可防止怀孕。然而，对避孕信息了解不足，从而无法避孕的情况十分常见。尤其是被剥夺了安全性爱权的青少年，很难购买到避孕套。

父母应该教给孩子安全的性爱与避孕方法。这不是在教唆青少年发生性关系，而是进行必要的安全性教育。社会认知必须与教育一起做出改变。

女性发生了不负责任的性关系，所以才会妊娠，从而需要终止妊娠——我们必须改变这种认知。我们应该认识到，终止妊娠是一个十分复杂的问题，涉及把避孕问题转嫁给女性的社会风气、避孕教育的缺失、对未婚妈妈的社会偏见、生育与育儿的社会经济费用等。

有一次，我在课堂上对避孕方法进行提问，一位男生笑着回答："堕胎！"教室里的孩子们全部嘿嘿笑了起来。如果他们谨慎地思考过避孕与终止妊娠，绝对不会给出这种回答，也不会是这种反应。

不论性别如何，都该对性关系负责。避孕、妊娠、生育、终止妊娠，无一例外。真诚地与子女谈一谈终止妊娠，告诉孩子不要轻易取笑他人的严重苦恼，才是正确的性教育。

通过这样的谈话，向孩子展示一个值得信任的父母形象。如果孩子将来有一天必须苦恼是否选择终止妊娠，就可以毫不犹豫地告诉父母。

Part 4

保护孩子的安全,防止性暴力

不少父母对家庭性暴力教育很有负担。因为性暴力聚焦于"性"。性暴力不是绝对色情或者纯洁的问题。如果对性暴力持有错误认知，就无法客观判断性暴力问题。

我们必须极力消除性暴力，为孩子构建一个安全的社会。父母一定要熟知孩子受到性暴力侵害时的应对办法，才能为孩子提供帮助。在这一章，我们将思考如何打造一个安全的社会。

只要感到不适，就是性暴力

"老师，他总是笑话我个子矮。针对外貌开玩笑，属于性骚扰吧？"——五年级学生

"前男友强吻了我。我当时很慌，没躲开，实在太生气了。这是性暴力吗？"——15岁学生

课堂上经常会有这样的提问："这是性暴力吗？"除了上课，咨询时也经常能听到类似的疑惑。很多人好奇自己的行为是否真的就是性暴力。偶尔为成年人做性暴力教育时，还会被要求讲一下性暴力在法律上的成立条件。

然而，我们真正需要思考的不是法律概念，而是"对方感觉如何"。我们反对性暴力，不是因为害怕受罚，而是尊重对方。就算没有触犯法律，只要对方感到不适，这种行为就是错误的。

有人之所以会问出前面的那个问题，是因为不知道什么是性暴力。"这算什么性暴力啊？"把性暴力想得十分狭隘，就会说出这样的话。即使受到了侵害，也会苦恼"这种程度能算性暴力吗？"那么，到底什么才是性暴力呢？

所谓性暴力，是指与性有关的所有类型的暴力行为。提到

"性暴力",我们通常会想到受害者晕倒或者被强奸的画面,然而并非只有这种情况才是性暴力。以性为媒介的所有暴力都是性暴力。

我们在前面已经讲过,性十分稀松平常,而且范围很广。恋爱、身体、性关系、性生活等与性有关的所有话题,只要对方感到不适,比如,愤怒、难为情、屈辱感、反感等,就可以称为性暴力。

韩国法律将性犯罪解释为"性羞耻心"或者"性屈辱感"。不过,我不会这样说明,因为不想强迫受害者有羞耻心或者屈辱感。受害者的感受并非既定的。

"性羞耻心"反映了一种错误的性暴力传统观念。受害者并非一定要感到羞耻,所以我想将性暴力解释为"性不适"。不论是什么样的感受,只要当事人感到不适,对方的行为就是错误的。

我之所以将性暴力解读为"以性为媒介的所有类型的暴力",是因为并非只有强奸才是性暴力。强奸是指强制插入性器官的行为。除了这种强制的性行为,与性有关的言论、不顾他人意愿向对方展示身体部位、通过短信发送色情照片、偷拍或者散播他人照片等,都属于性暴力。

如果学生难以理解,我会以性暴力的分类代替法律分类进行讲解。性暴力可以分为语言性暴力、视觉性暴力、电子设备性暴力、经济性暴力(性交易)等。当然了,并非所有的性暴力都能明确归类。比如，语言性暴力伴随视觉性暴力、身体性暴力伴随经济性暴力等。重要的不是区分性暴力的类型，而是明白与性有关的所有种类的暴力都是性暴力。

然而，很多人认为语言性暴力是性骚扰。因此，如果同龄人之间发生了语言性暴力，就会误以为是性骚扰。然而，性骚扰并不是语言性暴力。

性骚扰是指业务、雇佣关系中利用地位强加给他人的性暴力。由于对方不接受性方面的要求，在工作、雇佣时损害对方的利益，都属于这个范围。比如，招聘面试时询问应聘者"和男朋友交往多久了"，即属于性骚扰。

强暴是强奸的另一种说法。猥亵是强制的性行动，即身体性暴力。此外，法律上也有区分性暴力行为的各种术语，了解其成立条件与各种刑量并无太大意义。重要的是教育孩子尊重他人，不要因为与性有关的言行引起他人的不适。再者，孩子感到性不适时，不必再苦恼是否属于性暴力。

性暴力的传统观念前三位

性暴力并非在某个瞬间突然发生，而是社会文化使然。因为社会文化的容忍，才会发生性暴力。接下来，我们一起盘点一下这些可能引发性暴力的观念。

很多人会把责任转嫁给受害者,认为受害者应该承担部分责任。这种想法助长了性暴力的可能性。社会为施暴者的行为辩解,更加容易引发性暴力。

发生性暴力的原因不是受害者,而是施暴者。

只要反抗到底,就不会发生性暴力

性暴力的发生通常会伴随微妙的胁迫或者权力关系、身体暴力等。不仅如此,大多数受害者在遭遇性暴力时会身体僵硬,无法反抗。因为这是一种无视反抗的强迫行为,所以才称之为性暴力。

性暴力是因为女性穿着太暴露

这个传统观念有一个前提:男性无法控制性欲。因此,男性看到衣着暴露的女性,无法控制性欲,从而引发性暴力。然而,事实并非如此。假如此话当真,男性看到衣着暴露的女性就会在原地发生性暴力。可他们看到穿着短裙的女人,会一直尾随到无人的地方才实施性暴力。如果是因为无法控制性欲才导致性暴力,那男性会在地铁、学校里对任何人施暴吗?不会,施暴者会挑选比自己体弱的人,去往其他人难以发现的地方。

性暴力受害者的伤痛永远无法治愈

这句话听起来像是体谅受害者,实则会在社会中孤立受害者。性暴力受害者完全可以拥有日常生活,只要接受合理的治疗,好好休息,就能恢复。当然,每个受害者的情况不同,恢复时间和方法也不一样。

他欺负我是因为喜欢我吗

"××是喜欢你才那么做的。男孩喜欢一个人，本来就会因为害羞而故意折磨人、讨人嫌。多好啊！"——小学时期的老师

"你知道那孩子为什么那么说、那么做吗？因为他喜欢你啊。那小孩错就错在喜欢上你。"——电影《他其实没那么喜欢你》（He's Just Not That into You）

有一篇网络热帖，作者是美国女性梅里特·史密斯，她有一个四岁的女儿。梅里特对儿童医院接待人员的话感到愤怒，写下了这篇文章。儿童医院的接待人员看到她女儿被男孩打破的伤口，告诉孩子说："看来他喜欢你啊！"梅里特在自己的文章里写道："喜欢我的人会让我痛苦，我无法接受这个信息。"她还做出了这样的说明："接待人员的言论是一种错误的传统观念，把男性的攻击美化成喜欢他人的表现。"她的文章如此收尾："四岁的女儿被男孩打了，需要缝合伤口，不要对她说'那个男孩喜欢你'。"

梅里特的话概括了本章的全部内容。我读到这篇文章时，十分震惊。原来至今仍然有人会这么说，把暴力描述为爱情表

达，认为这是理所当然。

同时，我也很羡慕梅里特的女儿，不禁在心里想："我小时候如果有人能够像她那样告诉我……"各位读者的经历如何呢？有没有曾经被男孩惹怒，去找老师、父母、姐姐帮忙呢？

大家应该都被男生掀过裙子或者拆过头绳吧？老师当时是怎么说的呢？很遗憾，我的老师是这样回答的："男生喜欢你才捉弄你的，因为他害羞啊！"就这样，我们接受了这种观念：男生的暴力是一种爱的表达，是一件无所谓的小事。

我们不能这样教育孩子。这是在给孩子灌输性暴力传统观念。暴力始于不尊重对方。"喜欢你才会那样。"由这句话可知，性暴力不是个人问题，已经发展为社会惯例，认为男性的暴力与性欲是理所当然的。

现在依然有不少人认为男性主动、有魄力，而且性欲旺盛，认为这一切都是极其自然的。因此，男性以性为乐，认为女性的身体很色情。就这样，我们不仅容忍男性单方面的性行动，还会将其美化为爱情表达或者性感。

然而，暴力就是暴力，在任何情况下都不是爱情表达。只要对方不接受，就不是爱情。如果只以个人的方式表达，对方又怎么能明白呢？

我们从小学习的这种"不对等的性别关系"，就是性暴力的起因。这种观念会教化女性像电视剧中常见的那样，屈从于男性单方面的态度。男性草率、主动的样子很有魅力，女性应该害羞、被动，我们必须改变这种想法。

"男孩本来就那样。"我们一定要抛弃这种观念。哪有什么天性使然？都是后天教育的结果。错误的传统观念会使暴力正当化，认为这种伤害理所当然、没关系、微不足道。

性暴力并不是一件微不足道的小事。各位父母一定要教育儿子施暴不是理所当然，告诉女儿男孩的性暴力不是理所当然，引导我们的孩子不要以性暴力的方式表达爱意。

学生也要接受约会暴力教育吗

"儿子第一次恋爱,听说最近恋爱暴力盛行,真令人担心。"——13岁孩子的父母

"学生们对恋爱很感兴趣,已经开始发生身体接触了。请给他们上一堂课吧。"——小学保健教师

不久前,某学校邀请我讲课,我提供了几个性教育主题供校方选择。负责老师问我:"学生也要做约会暴力教育吗?"

约会暴力真的和学生无关吗?约会暴力与恋爱密切相关。家里有学生的父母都会明白,学生对恋爱和身体接触十分感兴趣。

当然,我们或许会认为学生时代的恋爱并不正式,像过家家一样,不是什么重要的问题。然而,重要的是,孩子们非常真诚。我们必须接受孩子们的苦恼和感受。

更重要的是,这是孩子们第一次在恋爱关系中体验各种感受。孩子们会在这段关系中学到什么是恋爱,如何表达自己的心意,如何照顾恋爱对象的感受,什么样的人是对自己有害的恋爱对象。这个时期,恋爱看似微不足道,却有必要谨慎思

考。学生阶段的恋爱看起来像是过家家,很幼稚,却是孩子构建性价值观的过程。

从这个意义上讲,学生当然有必要接受约会暴力教育。当然了,和其他教育一样,家庭教育不必像学校教育那般给孩子讲解各种概念与类型之类的知识。专业教育对父母而言太有负担了,我们会认真做好的。

在家庭中,父母只要教给孩子尊重与独立的关系即可。告诉孩子照顾对方的几种方法,恋爱不是从属于对方,约会的双方,彼此都是一种独立的存在。

约会暴力源于误以为对方从属于自己的错觉与尊重的缺失。很多人认为,只要开始交往了,对方就归自己"私有",一言一行必须符合自己的要求,以自己为中心。

因此,这种人会控制对方的行动或者要求对方符合自己的意愿。就算没有胁迫和暴力,我们在恋爱关系中也很难拒绝这种要求。虽然表面看来完全没有受到强迫,却又无法随心所欲,因为担心对方不喜欢,担心分手,担心对方觉得没面子。

我曾经看到过一对正在购物的父女。他们看起来十分亲密,关系很好。不过,父亲犯了错误。父亲看到女儿挑选的衣服,教导女儿:"男人不喜欢那种衣服。你应该穿这种才好。只有穿这种衣服,男朋友才会喜欢你。"父亲可能只是想开个玩笑，希望女儿穿几件漂亮衣服而已。不过，如果父母反复说这种话，孩子就会形成消极的恋爱观，误以为恋爱要迎合对方的喜好，按照对方的意愿改变自己。

我们当然可以考虑对方的喜好，穿上更好看的衣服。不过，假如认为这是唯一选择，就会在恋爱中迷失自己。越是这样做，自尊感越低，就会认为对方说一些影响自己情绪稳定、伤害自尊心的话也是对的。

例如，我们犯错遭到对方斥责："我就知道你会这样！"此时，我们本应反击"你怎么能这样说话"，却会回答说："我也不知道自己为什么这样。"这看起来只是一个小问题，却会日积月累逐渐失去自主决定的能力，无法肯定自己。一个人自信心落到谷底，就更加离不开对方。"除了这个人，还会有谁爱我呢？"

反之，一句微不足道的话也可以培养孩子健康安全的恋爱观。"选择你喜欢的。""那位同学也喜欢使用情侣头像吗？可能觉得不好意思或者不愿意呢？"这些简单日常的对话都很重要。

如果父母这样做，孩子就会懂得尊重恋爱对象。照顾一个完全不认识的人并不难，只要保持距离，提供必要的帮助即可。然而，亲密关系中却很容易失误或伤害对方。我们有必要认真思考一下如何尊重身边的人，希望我们的孩子也是如此。

认识到对方的不适，及时道歉，就会建立良好的恋爱关系。保持尊重的态度，是预防约会暴力的核心。孩子懂得尊重他人，不被尊重时也同样可以快速感觉到。

如果孩子认为自己拥有了对方，父母一定要及时指正。恋爱不是拥有对方，而是与对方建立并延续关系的过程。同样，如果孩子的表现像是对方的所有物，父母一定要帮助孩子摆脱这种想法。只要做到这一点，就会对建立平等的恋爱关系有很大帮助。

父母虽然不必像专业教师那样教育孩子，却必须了解约会暴力。所谓约会暴力，是指恋爱前后以及恋爱过程中发生的暴力。约会暴力并非特指恋爱关系或者约会中发生的暴力，而是包括恋爱的延长线在内的所有关系中的暴力。

为什么这么说呢？因为约会暴力是以亲密感与信息为基础发生的暴力。就算不是恋爱关系，暧昧期也会彼此产生好感与爱意。联系的频率与情绪表达，都有别于其他关系的人。而且，分手之后也会保留交往时的信息，比如，家庭住址、密码、家人的联系方式等。

对方可能会利用这种情绪上的亲密与依赖感，以及所掌握的个人信息，施加暴力或者禁止断绝关系。因此，所有的恋爱关系中发生的暴力都称为约会暴力。约会暴力与性暴力一样，类型无所不包。

约会暴力的类型

约会暴力可以分为以下七种类型。其实,区分暴力的类型没有太大意义。即便如此,了解这个分类依然有助于及时意识到遭遇了约会暴力。

约会暴力复杂而微妙,需要大量的分析、说明与示例。因此,这种简单的说明是有其局限性的。如果有必要,各位父母可以听一下专家演讲或者参考约会暴力相关书籍。

控制型:直接或间接控制和监视对方的行动、衣着、人际关系等

检查手机、约束衣着、控制朋友关系等。

"今天又见他了?我不是说了不让你们见面吗?下次带上我。"

语言型:指责、辱骂、嘲弄、要挟等

称呼对方不喜欢的外号、辱骂。

"肮脏的贱女人!"

情绪型：破坏对方情绪稳定、打压对方自尊心的言行

假装发脾气，迫使对方无法拒绝约会或者身体接触。

让对方产生负罪感，从而做出一些补偿行动。

盲目指责对方的决定，打压对方的自尊心。

大喊、威胁。

"你怎么什么也不懂！也就是我愿意和你交往！"

身体型：直接或间接施加身体暴力

殴打、推搡、摔东西、伤人、捆绑。

经济型：直接或间接给对方施加经济压力

借钱不还、高利贷、索要财物。

送给对方不愿接受的礼物或者金钱。

电子设备型：通过电子设备施加的暴力行为

检查手机或电子邮件、监视社交账号。

擅自拍摄对方的照片或视频并传播或公开。

在社交网站上发布指责对方的帖子或者散布谣言。

并非所有的暴力都属于以上类型。因为把握暴力问题需要考虑一段关系中的互动、过往事件等各种脉络。而且，各种暴力类型还有可能彼此重叠。例如，检查手机同时属于控制型和电子设备型，还有的约会暴力同时属于情绪型与性暴力。不断埋怨对方是一个特别差的男朋友或女朋友，增加对方的负罪感，要求以性关系偿还，就是一个典型的例子。

什么是电子设备性暴力

韩国电影《女警》(걸캅스)刻画了两名女警进行秘密搜查时所经历的各种磨难。电影中的两名女警为什么要冒着危险进行秘密搜查呢?因为我们的社会对电子设备性犯罪的认知十分不足。两名女警搜查的正是电子设备性犯罪事件。警察内部对电子设备性犯罪的严重性与问题所在无法达成共识,搜查因此变得困难重重,两位女警只好直接出面。

电影中的剧情设定,反映了我们的社会问题。自2017年起,我们开始了解电子设备性犯罪,至今仍然对此认知不足,将非法偷拍看作色情片或者恶作剧。

电子设备性犯罪是指使用电子设备进行性犯罪,比如偷拍、传播非法拍摄物、合成色情照片等。这些都是可以根据相关法律受到处罚的犯罪行为。如果是以营利为目的的流通,还有可能被判刑。这可不是一件小事。

什么是电子设备性犯罪

使用电子设备与通信媒介、通信技术等,进行线上、线下性暴力的行为。

电子设备性犯罪示例

非法偷拍：未经当事人同意，偷拍身体部位。

私自公开传播：未经当事人同意，私自传播相关图像、视频等。

传播非法拍摄物：通过网络云盘、网站等共享或者传播非法拍摄物。

图片合成：将私人照片合成色情图片。

传播胁迫：威胁对方将会传播图片、视频等，从而要求提供金钱或者性交易。

网络性暴力：聊天室性暴力等通过网络空间进行的相关性暴力言行。

许多人认为电子设备性犯罪只是小事一桩。学生们会把电子设备性犯罪视频看作色情片。如果毫无顾忌地公开传播非法拍摄物，问题就严重了。还有的学生在聊天室里描述、评议与性有关的内容，或者共享色情照片，却认为这只是恶作剧。

偶尔，还会有人把责任转嫁给视频中的受害者。其实，真正的责任方是非法拍摄者、传播者与观看者。性暴力传统观念泛滥，才会导致人们指责受害者。只要有人观看，这种视频就不会消失。

如果孩子认为这种非法视频无关紧要，或者已经传播、观看了相关视频，父母一定要严加管教，告诉孩子这是严重的犯罪行为，侵害了当事人的人权。

再者，电子设备性犯罪与其他性暴力一样，都是社会结构性暴力犯罪。把女性的身体与色情对等，认为性虐待是一种恶作剧，这种畸形文化是性暴力的源头。父母一定要教育孩子，即便是日常生活中的小事，也不能随意谈论女性的身体与性。

我在此倡导各位读者对电子设备性犯罪保持问题意识并且付诸实践，一起改变我们的性暴力文化。如果我们的行动能够积少成多改变社会，所有人都可以共享一个安全平等的网络空间。

电子设备性犯罪的应对方法

收集被害资料

确认被害视频、网址、公开状态截图、网络账号、聊天室截图等证据。

要求网站删除相关内容

如果相关内容已经被上传到网络云盘、社交网站等,可以通过联系管理员、客服中心、举报等方式要求删除。如果是社交网站,可以填写相关帖子的标题与链接进行举报。

受害者救助中心

相关部门接受受害者的咨询、协助删除相关内容,还可以提供心理治疗。需要依法解决时,可以向相关机构申请调查与法律援助。

"不行!我不愿意!"这种教育到此为止

"艺彬,如果有陌生叔叔问你要不要吃冰激凌,你一定要回答说'不要!'"——网络热门视频

"不行。我的身体很珍贵,我不愿意。如果有人摸我,一定要大喊。救命啊!不可以!我不愿意!救救我!大声大声地喊。"——童谣歌词

我在课堂上问学生们接受过什么安全教育,每个年级的学生都会大声唱一首歌——《不可以》。"不可以,我不愿意,不要那么做!"只要看到歌词,就会想起歌曲的旋律。

我小时候似乎也是这样学的,现在依然是过去的那套教育方式。除了幼儿园,小学低年级学生失踪、诱拐预防教育或者性暴力预防教育中也是这样学的。各位读者也这样教过自己的孩子吗?"如果陌生叔叔叫你过去,就要大声喊'我不愿意!'"

这种教育是十分错误的。我说得太武断了吗?我只能这么说,因为这种教育方法真的存在很多问题。"不要!我不愿意!"从这种教育中可以窥视到韩国性教育问题的本质:聚焦于防止被害。不是教育孩子不要加害于人,而是教育孩子不要成为受害者。

至今依然有很多保健教师或者性教育讲师在宣扬受害者应该多加小心，甚至大多数学校里张贴的性暴力预防海报中的内容全部都是被害预防教育。然而，遗憾的是，这种教育完全没有效果。因为受害者小心行动，并不能预防性暴力。

其实，受害是无法预防的。不是受害者做错了什么才被害，而是施害者决定加害，才会出现加害事件。性暴力的原因不是受害者，而是施害者。

而且，除了"陌生的叔叔"，父母还应该教育孩子警惕关系亲密的人。2018年的相关资料显示，40%的儿童性暴力犯罪者是受害者的朋友、邻居、亲戚等熟人。只教育孩子警惕陌生人，是不对的。

大喊"不可以"，也没有任何帮助。哪个施害者会选择人多的地方作案呢？"我不愿意！"因为喊出了这句话，施害者就会停手吗？施害者反倒可能因为受害者的抗拒而变得更加兴奋，情况越发危险。

这种教育还有一个更大的问题，那就是给受害者培养负罪感。如果总是教育孩子要小心，孩子受到侵害时就会认为是自己的错，陷入自责。"爸爸告诉我要小心，我却没有好好听话。"儿童性暴力犯罪者会利用儿童的负罪感或者依赖心理，连续犯罪。"不可以！我不愿意！"这种教育可能会加重迫害。

我们需要实际有效的教育。性暴力危机情况下的对应方法十分多样，不是只有大喊"我不愿意"。如果施害者是陌生人，可以闭上眼睛，表示尚未看到他的长相，诱导他放了自己；或者保持安静，暂时忍耐，趁施害者不注意时快速逃跑；也可以仔细记住施害者的长相，详细记录后报警等。性暴力的应对方法没有完美答案，不过一定要根据实际情况随机应变，这一点必须牢记。

父母为孩子做性暴力教育时，性暴力的场景都是千篇一律的。走在路上，陌生的叔叔突然施暴——各位父母都是这样说明的吧！除了这种情况，父母还应该和孩子一起探讨其他情况，确定应对方案：如何安全逃离现场、逃离是否安全、逃离到什么地方等。除此之外，还要熟知可以求助的人、紧急呼叫号码、派出所的位置等。

父母为孩子做性暴力预防教育时，应以"界限"为中心进行讲解，同时教给孩子各种应对方法。只有这样，孩子才会对界限保持敏感，及时察觉有人侵犯了自己的界限，灵活处理。

耳熟能详并不代表总是对的，有问题就要改正，向着更好的方向发展。性暴力预防教育也是如此。稍微用心一点，就可以促成更好的教育。这个问题关乎我们的孩子与社会安全，各位父母务必认真思考。

保护自己不足以杜绝性暴力犯罪

"爸爸允许哥哥和朋友们去远处玩耍,却告诉我学习班下课之后不能在附近玩。"——11岁女生

"再怎么说,我还是更担心女儿。每次看新闻,我都心跳不已,非常害怕。真的不愿面对这个问题。女儿长大之后可怎么办啊?真的非常担心。"——13岁孩子的父母

小时候,我非常羡慕男生。晚上回家晚了,只要给父母打一个电话就行;外出旅游也不用担心父母会不同意。我在成年之后,依然要接受父母对着装和回家时间的约束,十分辛苦。

何止如此?养过女儿的各位父母都会明白,如果女儿交了男朋友,就会不断叮嘱女儿多加小心。预防怀孕的叮咛自然必不可少,有的父母还会告诫女儿在成年之前绝对不能发生性关系。还有的学生父母表示,如果做出什么不雅行为(到底是指哪些行为呢?),就会遭人议论,所以一定要小心。各位读者应该也接受过这种教育吧?为什么我们因为是女性就要被叮嘱多加小心,而且要教育女性多加小心呢?

这当然是因为女性是性犯罪对象。我们见过的大多数性犯

罪案件，受害者都是女性，施害者是男性。在性犯罪案件所使用的图像资料中，施害者永远是男性，受害者永远是女性。

从过去到现在的统计资料中，大多数的性犯罪受害者是女性。韩国统计厅2018年的资料显示，女性性犯罪受害者比男性多出了17倍。男性性犯罪者数量居多，这是不争的事实。根据以上统计资料，儿童性犯罪案件97.6%的施害者是男性。我们的社会文化容忍这种错误的性习惯与性暴力。因此，性暴力又称为性别（gender）暴力。

我有一个疑问：为什么父母不告诉哥哥多加小心呢？如果我晚上回家晚了，父母就会千叮咛万嘱咐，让我一定要小心。可是哥哥喝酒回家晚了，父母却从没有提醒哥哥注意不要吓到女性，不要做什么坏事。

男性犯罪者那么多，为什么要让女儿小心呢？为什么从来没有人教育儿子不要害人呢？是因为觉得"我们家儿子不会做那种事"吗？这种教育是不完整的，远远不够。

行事小心不是为了躲避性暴力，而是多为他人考虑，避免妨碍他人，为他人带来不便，这才是更理想的状态吧？告诫女性注意着装、不要晚归，并不能有效防止性暴力。没有施害者，才是最完美的预防办法。

很多人认为性犯罪者精神不正常，即不适应社会或患有精神障碍。然而，2018年检察厅儿童性犯罪统计资料显示，患有精神障碍的儿童性犯罪者仅占4.2%。因此，性暴力犯罪者大多是正常人。

按照社会传统观念，男性无法控制性欲是理所当然的。"男人也很无奈，女性必须小心。"这种言论在我们的生活中十分普遍。于是，人们不断告诫女性要小心。

我们的社会还会把女性看作一种诱惑性的、色情的存在。女性的身体部位，从头到脚，每个部位都被赋予性意味。因此，如果身体部位前面加上修饰语"她的"，就会有一种色情的感觉。"她的脖颈""她的手腕""她的脚趾"……

男人无法控制自己的性欲；女性是具有诱惑性的，在性关系中属于弱势的一方，这种观念要持续到什么时候呢？改变性教育的范式已经刻不容缓。改变认知，改变教育方向，社会就会发生改变，变得更加安全。

只告诫女儿多加小心，施害者和社会却保持原状，这种教育不会有任何效果，只会令女儿压力重重，越发不安。父母对女儿和儿子一视同仁，引导孩子尊重他人的界限，认识自己的界限，才是真正的教育。

家庭性暴力预防教育

"学校每年都会进行一次性教育,在家庭中也必须做吗?尤其是性暴力,太有负担了。"——13岁孩子的父母

"在家进行性暴力预防教育,应该怎么做呢?不久前,孩子所在的学校发生了性暴力问题,真担心自己的孩子。"——12岁孩子的父母

必须在家庭中进行性暴力预防教育的原因

首先,我们一起来思考一下必须在家庭中进行性暴力预防教育的原因。"性教育"三个字,听起来令人很有负担,感觉一定要具备专业知识才能教育子女。我每天都会进行性暴力预防教育,却依然觉得这个话题很难,为此苦恼不已。不过,我依然认为,性暴力预防教育必须和家庭日常教育同时进行,才是完整的。

性教育就像是一套拼图。不论孩子在学校接受了多么好的教育,也不能以此结束。因为性教育还需要在日常生活中培养

感觉，积累经验。学校性教育、家庭性教育、社会文化，三块拼图必须结合起来，才能完成性教育这幅图画。

性暴力预防教育尤其如此。因为性暴力是侵犯界限的问题。界限是不容他人侵犯的个人专属心理、身体空间。这条界限是天生的，并不是在某个瞬间突然出现或者打破的。不过，对这种界限的敏感度却是由日常教育与经验决定的。一个人的界限平时受到尊重，就会对自己的界限有明确感知。如果有人侵犯了自己的界限，也可以快速察觉到。

因此，日常经验与教育在性暴力预防中极其重要。只有积累了对界限的感觉，才能识别性暴力。在遭受更严重的侵害之前，敏锐识别他人已经越界，这种感觉十分必要。

国家法令或者案件中通过"性羞耻""性屈辱"等感受来定义性暴力。我们在前面已经学习过，造成性方面不适感的所有暴力行为都是性暴力。我们必须在家庭中进行教育，正是因为这种不适感。

厌烦、慌张、愤怒、难为情等，很多人对这种不适感缺乏认知。因为我们就是这样生活过来的，因为是大人，因为是家人，因为关系亲密，就可以侵犯我们的界限，认为这一切理所当然。只有平时不断练习，我们才能立刻识别性方面的不适，并且表达出来。因此，家庭教育十分必要。

家庭中进行性暴力预防教育的方法

家庭中进行性暴力预防教育非常简单。只要稍微改变一下我们的想法，就可以拼成一幅非常优秀的拼图。各位父母不必像学校教育那样传授专业知识或者涉及法律领域，只要改变几个想法就可以了。

改变想法
我是家人，没关系 → 家人也需要经过孩子的同意
我在给学生讲解尊重界限时，一定会让他们写下界限被侵犯的经历。这样做是为了熟悉什么是界限，以及培养对界限的感觉。通过这个互动，我发现了一件有趣的事情：学生们举的例子全部与家人有关。我们一起看几个最有趣的例子吧。

"爸爸喝酒之后，我说了不要，他还一直亲我。"
"我在上厕所，妈妈直接走了进来。"
"爷爷奶奶随便抱我。"
"父母让我亲亲姨妈。"

这就是小学生们举的例子。父母未经同意就随意触碰自己的身体，或者让他人触碰。各位读者也是这样吗？我看着学生们举的例子，反省了很久。我是做性教育的，每次见到外甥，却总是情不自禁地亲他。

看了学生们的作业之后，我每次见到外甥，不管他多大，一定会先询问他的意愿。"姨妈可以亲亲你吗？""可以抱抱姨妈吗？"令我十分震惊的是，两岁的小外甥尚且口齿不清，同样回应了我。如果遭到拒绝，我会以其他方式表达爱意。"击掌可以吗？"听到我的问话，他开心地展开手掌。"谢谢你！"我开心地和他击了掌。

就算是家人，就算是父母，也不能侵犯孩子的界限。父母也应该帮助孩子了解这一点。父母进入孩子的界限之前，一定要征求孩子的同意，表示对其界限的尊重。例如，父母有时需要确认孩子的身体。"爸爸要确认你是否痊愈，很快就会好的。"父母应该小心对待孩子的身体。

父母进入孩子的房间时，一定要先敲门，得到孩子的同意之后再进去。守护孩子的私生活、孩子感到不适的事情不要追问到底等，守护孩子的界限、培养孩子界限感的方法很多。

如果孩子经历过这些，就会明白自己的界限不容侵犯，快速察觉他人的随意践踏："这种情况有点危险。"同时，孩子也会成长为一个不随意侵犯他人界限的人。在尊重中成长起来的孩子，绝对不会成长为一个不尊重他人的人。

孩子为什么这么敏感→ 原来孩子会感到不舒服啊

第二个需要改变的想法是，不能接受孩子的感受。为了守护孩子的界限，各位父母一定要改变这个想法。当孩子准确说明自己的界限时，有的父母会感觉孩子只是太敏感。"都是家人，能怎么样啊？""你怎么那么敏感？"父母的这些想法都会妨碍尊重孩子的界限。

如果有人未经允许触摸我们的身体或者追问私事，我们就会感觉不舒服。在公交车上和陌生人并排坐在一起，也会稍有尴尬。如果第一次见面的人问起我的年龄或者住址，我会感觉十分慌张。这是因为，我们每个人都有自己的界限。

然而，每个人的界限范围是不同的。有人就算被陌生人问及年龄和住址也不会觉得有任何问题，有人会略感不适，却也不至于像我这样太过慌张。

父母必须明白，孩子的界限可能与我们是不同的。有些问题我们觉得不算什么，孩子却会生气、郁闷、害羞、尴尬等。

孩子明确表达出自己的不适，就是"尊重界限"教育成功的表现，这一点非常好。父母要接受孩子所表达的感受，如果能够表达歉意和感激会更好。"妈妈擅自进入你的房间，非常抱歉，没想到吓了你一跳。"

下面一起思考一下孩子谈恋爱的情况吧。孩子的恋人未经允许进行身体接触，孩子对此并不乐意。这时，孩子本应果断拒绝："我不喜欢这样，到此为止比较好。"然而，孩子可能会支支吾吾："嗯……这个……嗯……不是，那个……"因为觉得恋人之间不能破坏浪漫的感觉，或者误以为即使表达了自己的感受也不会被接受，所以选择了忍耐。

如果想要像前一种情况那样，自主地享受性，就应该从小积累经验，熟悉界限与自我感受。这种方法也会从小培养孩子不随便触碰他人。如果最亲密的人没有守护自己的界限和感受，我们又能期待谁来尊重自己呢？

要听大人的话→ 孩子的意见也要认真聆听

"抱抱奶奶，表示感谢。"

"大人问你话呢，赶紧回答！"

"跟叔叔撒个娇，叔叔才会给你很多零花钱啊。"

这些话听起来很耳熟吧？有的父母因为不好意思亲自表达感谢或者撒娇，就会吩咐孩子，让孩子亲亲爷爷奶奶。这种行为同样不尊重孩子的界限。

不论大人多么渴望，只要孩子不愿意，就不能进行身体接触。父母不仅要告诉孩子，还要告诉孩子身边的大人。如果爷爷奶奶或者亲戚朋友想要与孩子进行身体接触，但是孩子面露难色，父母就要帮助孩子。比如，"孩子说不想亲亲，抱一下可以吗？"只要替孩子解释一句就可以了。大人们刚开始可能会有点不开心，逐渐就会适应，明白孩子喜欢什么。大人的感受固然重要，孩子的界限也一样重要，甚至更重要。

邻居或者孩子不熟悉的大人也会问起孩子的事情。"孩子你真可爱，上几年级了啊？""真漂亮，在哪儿上学？"大人们因为觉得孩子可爱，就会主动搭话，或者想要更亲近一点。

然而，孩子可能并不喜欢，甚至十分讨厌。我在讲解界限时，会举这个例子，并让学生表达一下此刻的感受。"唉，真烦！""真的很讨厌！"学生们眉头紧锁，产生这种感受，是因为孩子心里有着无形的界限，即心理界限。

此时，父母不要督促孩子赶快回答大人的问话，而是应该站在孩子的一方。"孩子不太想说，因为我告诉他不能随便暴露个人信息。"问话的人当然会略显尴尬，不过不回答并不是孩子的错。不尊重孩子的感受，擅自问话的人才是罪魁祸首。

孩子还小，这种情况很正常→应该从小学习如何尊重他人

如果有学校申请性教育课程，我一定会先问一下学校发生过什么事。因为校园性暴力事件真的很频繁，学生们之间开玩笑，取笑他人的身体，模仿色情视频的情况很常见。有的学生还会折磨不接受这种玩笑的同学。因此，就算讨厌这种玩笑，也只能一笑了之。

"孩子们都这样，还小，很正常。"有的父母对此反应不够敏感，尤其对男生还会补充一句："男孩本来就这样。"这种回应方式真的很危险，甚至不能称之为回应。

不能以玩笑来包庇暴力。所谓玩笑，必须要开玩笑的人、被开玩笑的人、旁观的人全部乐在其中，才能称之为玩笑。只要有一个人感觉不开心，就不是玩笑。

所有人都会挑选比自己弱小的人作为开玩笑的对象。对于比自己强大或者有权力的人，绝对不会搞恶作剧。因此，性暴力也可以看作尊重和平等的问题。

"男孩本来就喜欢恶搞，那个年纪都那样。"这是把性暴力看作小事的典型说法。就算是男人，不管年龄多小，也应该学习尊重他人的方法。如果认为年幼无所谓，就会错过为孩子树立尊重和平等观念的时机。

父母应该帮助孩子从小培养尊重他人的习惯。从小不曾尊重他人的感受和界限，长大之后会突然懂得尊重吗？如果孩子的言行引起他人的不适，父母一定要当场指出。

只有这样，才不会引发严重问题。性暴力不是某个瞬间突然发生的犯罪行为。性暴力犯罪是可行的社会文化与低人权意识、尊重缺失等多重原因不断积累的结果。

父母一定要教育孩子尊重他人，平等待人。培养孩子的尊重理念，其实是在改变社会文化。因为这种教育方式会构建彼此尊重的校园文化、职场文化、家庭文化。孩子们长大之后，会投身媒介、消费媒介、教育他人。他们到时候应该投身什么、消费什么、如何教育他人呢？

虽然只是一些小细节，只要稍微用心即可实现优秀的尊重界限教育。什么是界限，应该如何尊重界限，不必这样逐一解释，而是积累几次经验更有效果。

性暴力预防教育的第一步是培养孩子对界限的感觉。如果有人侵犯了自己的界限，可以第一时间快速察觉。因为只有这样，才能识别危险情况。以儿童性暴力为例，在性暴力犯罪之前，都会有一个逐渐建立亲密感的阶段，称为"引诱"（grooming）。

这时，如果孩子对界限感觉敏锐，就会意识到危险。表达不适感也是如此。不论关系再怎么亲密，就算对性一无所知，也会感到不适。只有家庭成为接纳自己感受的安全之地，孩子才能表达出自己的不适或者请求父母的帮助。孩子感觉不适的瞬间，说不定就是界限教育的绝佳机会。

只要遵守前面的几个示例，即可培养孩子应对界限侵犯与尊重他人的能力。不过，父母还要更加具体地教育孩子尊重界限。因为尊重他人的界限，也和了解自己的界限同样重要。

界限是无形的。我们很容易区分戴眼镜与不戴眼镜的人、长头发与短头发的人，却无法判断一个人是否喜欢拉手。因此，尊重界限并不能简单实现。

父母在对孩子说明界限时，一定要使用"感觉"这个词。

界限就是感觉。像自己的界限一样，我们也可以通过几个信号感知他人的界限。"看他的表情就知道，他很不舒服！"如果一个人对界限尊重很熟悉，就可以快速察觉他人的不适，思考尊重他人的方法。

　　通过日常生活中的反复教育与各种经验，可以习得这些方法。虽然有些难度，但是各位父母只要稍微用心，完全可以做到。性教育就像是画叶子。如果学校性教育正确画出了叶子的形状，家庭教育就是填色。我们作为讲师，会认真画下这片叶子，所以请各位家长涂满生机盎然的绿色吧！

如果孩子被指控为性暴力施害者

我有时会为施加性暴力的学生进行特别教育。遇到这种情况，我一定会与学生父母交谈，父母也会一起接受教育。大多数的父母对这种特别教育持消极态度，无条件地袒护孩子或者认为性暴力问题不值一提。

通过和父母的对话，即可了解其家庭文化。大多数父母认为性暴力只是小问题，或者根本不了解什么是性暴力。这与父母对特别教育的感觉如出一辙吧！

我认为，一个家庭的性文化与父母对特别教育的感受并无不同，说不定属于同一范畴。这种感受与文化在事件处理上也表现相同。很多人对事件的处理态度十分错误，认为性暴力只是一件小事，想要随意应付或者遮掩过去。

然而，这种做法是不对的。因为性暴力事件不是无心之过。这种行为是由于对他人缺乏尊重，是一种非对称的性别关系，必须予以纠正。

性暴力中所谓的非对称性别关系，是指认为男性在性关系中更加自然，占据优势。反之，认为女性对性更加小心。至今仍有很多人认为女性享受性、性经验丰富是不正确的，仍然持有这种不平等的性观念。

因此，男性开性玩笑（如果可以称之为"玩笑"的话），或者提出性要求，会被认为稀松平常。如果女性拒绝男性的性要求，男性本应道歉并且停手，媒介却并未这样表达。媒介常曲解女性的"拒绝"，转而表现"霸王硬上弓"，将其刻画为一种"魄力"。

学校性教育课堂上，男生们可以很自然地谈论性。他们还会开玩笑，并不介意讲述自己的性经验。反之，女生们对自己的性经验感到十分害羞。因此，她们就算有什么疑问，也常会在下课之后单独找我咨询。

这种非对称性别关系潜伏于我们的日常生活之中，引发性暴力，将性暴力正当化。在聊天室里将女性的身体性客体化，并以此为乐，也是这个原因。

我们必须指正这种问题，并对孩子进行教育。如果孩子被指认为性暴力施害者，父母千万不能将此看作一个简单的失误。首先，一定要态度诚恳地面对。确认事实是第一位的，不能无条件袒护孩子。从孩子被怀疑涉及性暴力的那一刻起，父母就要做好向对方道歉的心理准备。虽然事实尚未确认，双方的震惊与愤怒心情却是一样的。

有的父母会对孩子的性暴力行为非常失望，十分排斥孩子。就算孩子出现了性暴力加害行为，家人依然是家人。更重要的是，孩子是一个人格个体。在任何情况下，父母都不要侵犯孩子的人格。

"我从来没有这样教过你。从现在开始,你别想在这个家里生活了,搬出去自己看着办!"如果孩子犯下大错,我们常会这样说吧?然而,父母应该成为支持孩子的后盾,这种话显然是不恰当的。父母的这种心情固然可以理解,却不该向孩子传达消极情绪,而是要转化为合理的教育。

如果性暴力加害行为得到确认,父母就要积极配合学校或者调查机构的处理程序。在这个过程中,必须避免对受害者的二次伤害。最具代表性的就是直接联系受害者,提出和解。如果单方面请求谅解,只会令受害者更加痛苦,对孩子也没有任何帮助。指责受害的孩子"平时应该注意点",或者向受害者问责等,都会造成二次伤害。

孩子接受特别教育时,父母也要一起参加。因为检查并重新确立价值观时,检讨家庭文化至关重要。特别教育结束之后,在家里也要继续进行,因此父母一定要参加。

所有程序结束之后,还要确认各位父母与孩子的健康状态,尤其要集中于安慰受惊的自己与自我恢复。这个过程虽然辛苦,各位父母却一定要保持一颗平静的心,好好教育孩子,防止孩子重蹈覆辙。

同时,父母还要引导孩子不要因为这段经历而自我贬低。反省固然是好的,却也不该过度厌恶自己。更重要的是恢复身心,在社会中健康成长。

当孩子被指控为施害者时，这些想法是错误的

这只是一件小事

性暴力并不是小事。不论是口头、短信，还是直接行为，性暴力都是很危险的。就算看起来再怎么微不足道，对于受害者也是非常大的伤害与冲击。然而，如果施害者一方表示不屑一顾，受害者的心情如何呢？就算站在我们的立场看起来只是小事一桩，也不能这样说。性暴力问题应该从受害者的立场考虑，而不是施害者。

性暴力是"不尊重的态度"与"非对称的性别关系"。一桩性暴力案件不论看起来微不足道还是十分严重，都会体现出这两个要素。就算现在看起来是一件小事，如果缺乏尊重和平等意识，总有一天会酿成大祸。

小孩子这样做很正常

孩子年龄再小，这样做也是不对的，反而要从小开始学习。我们前面已经讲过，性暴力是尊重与平等的问题。这种观念不会随着生理成熟而自动增强，而是从小通过不断的教育和经验积累而成的。

一个人小时候没有正确学习，长大之后就会自然而然地明白了吗？绝对不是。反而会一直认识不到问题所在，可能会造

成更大的问题。不要让我们的孩子成为社会中的危险人物。说不定现在就是正确学习的最佳时机。

那个孩子（受害者）太敏感了

受害者的所有感受都是理所当然的，任何人都无权要求受害者做出其他感受与反应。我们要接纳受害者的感受，就算无法感同身受，也必须理解受害者的心情。

认为受害者太敏感，源于对性暴力的轻视。任何情况下，性暴力都完全不是一件小事。不要以为这只是一个小小的失误，可以敷衍了事，而是要准确地指出孩子的错误。只有这样，才能避免孩子重蹈覆辙。

随便道个歉就行了

如果孩子是性暴力事件的施害者，绝对不能"随便"解决。这是一个教育机会。父母必须认真思考发生这种事情的真正原因，正确培养孩子的价值观、性意识。除了特别教育，父母还有必要认真思考学校或者司法机关做出的处罚。

随便道个歉，敷衍了事，这种做法自始至终没有考虑过受害者的心情。孩子不懂得尊重他人才会出现这种问题，千万不能以同样的态度结束案件。父母一定要为孩子创造机会，认识自己的错误并及时改正。

如果孩子是性暴力的受害者

这一次，我打算谈一个沉重的话题：假如我们的孩子是性暴力的受害者。可能有的父母会问，根本没有发生这种事，而且这不是一件什么好事，为什么非要提前苦恼和学习呢？我们当然希望这种事情永远不要发生，但是任何人也无法断言自己的人生中不会遭遇性暴力。性暴力随时可能会出现在我们的生活中，而且是毫无任何预兆的。

孩子突然遭遇性暴力，父母或者身边的大人常会因为慌张而犯下错误。偶尔还会有父母因为太过受伤，选择逃避事件本身。这样做不但不利于孩子的恢复，也会增加事件的处理难度。瞬间失误说出的一句话，可能会给孩子造成巨大伤害。

因此，作为父母，需要提前了解应该如何应对这种情况。解决事件、平复伤痛的过程中，父母必须成为孩子的坚实后盾。因此，除了应对方法，父母还应该了解对孩子有帮助的言论与态度。

首先，不能认为孩子遭遇性暴力是一件丢脸的事情。正如前面所说，性暴力是一种侵犯他人性自主权的暴力犯罪。认为孩子失去了贞洁，是一种错误的想法。孩子对此没有任何责任，也没有任何过错，错的只是施害者。

再者，不能认为遭遇性暴力就毁掉了整个人生。性暴力当然会给孩子带来冲击和伤害，却是可以恢复的。只要在一定时期内接受必要的治疗，身心都会恢复健康。经历过这种事件之后，生活会变得艰难，内心无限委屈。父母一定要帮助孩子，不要让性暴力的伤痛持续终生。

父母的健康也和孩子同样重要，不能忽略照顾自己。因为父母也会受伤，同样非常辛苦。父母一定要确认自己的健康状态，能够面对日常生活。如果非常辛苦，可以暂时休息，专注于调理康复。

造成二次伤害的错误言行

逃避事实，假装不知道

"为什么要跟我说这些？"

"这算什么性暴力啊？"

把责任转嫁给孩子

"你从刚开始就应该说你不愿意。"

"你当时为什么会在那里？"

"你平时对他做什么了？"

"如果是我,绝对不会那么处理。"

认为事件很丢脸

"你的人生可怎么办啊?"

"这件事只要我们知道就好了,你不要随便到处张扬,绝对不行。"

"在其他人知道之前,我们得赶快搬家。"

不听孩子的意见,擅自解决

"为什么不报警?我一定要想尽办法让他吃牢饭。"

"你现在判断力不够清晰。你怎么能原谅他呢?"

"报警的话会很麻烦,就这么算了吧。"

强迫孩子理解施害者

"他就是因为不懂才会那么做的。"

"他不是那个意思,你理解一下。"

"关系那么好,你得原谅他啊。"

说出不利于事情解决和恢复的话

"因为这件事,我们全家都很辛苦。"

"就因为你,浪费这么多时间和金钱。"

如果孩子遭遇性暴力

认清状况

大多数受害者的父母会陷入恐慌,不知如何是好。还有的父母会苦恼自己和孩子发生了什么事,是否遭遇了性暴力,产生负罪感、焦急、恐惧、愤怒等感受。

这种反应是理所当然的。首先,不要否认自己的感受,要学会自我安慰。不论感受如何,都是没有错的。所有感受都是可以理解的。不要纠结为什么会有这种感受,只要进行自我安慰即可。"原来我是这种感觉。"只有父母冷静下来,才能帮助孩子。

再者,孩子是最慌张、最辛苦的,父母要好好安慰孩子,绝对不要认为是孩子的错,或者追问事件细节。父母要理解孩子的经历,真心安慰并表达感谢,沉着面对孩子所讲述的内容,引导孩子不要隐瞒事件。

孩子遇到这种事情时,正确处理的概率很低。因为大多数人面对性暴力时会十分慌张,身体僵硬,还有人根本认识不到这是性暴力。"你当时为什么不赶快出来?"父母不要以这种方式指责孩子应对不当。

认为性暴力是一件小事,或者袒护施害者也是不对的。我们习惯了错误的文化,常会站在施害者的立场,认为性暴力是施害者的失误，或者施害者"不是那种意图"，谅解施害者，这种言论对任何人都是没有帮助的。

如果父母太受惊，没有做出恰当的反应，就要对孩子承认错误，真诚道歉。告诉孩子自己完全没有恶意，承诺以后会为了孩子的恢复和事件解决做出最大努力。

最重要的是，正确认识事件。就算很辛苦，也要清楚了解事件始末，才有利于解决问题。否认性暴力，坐视不管，对孩子和父母都没有好处。父母必须承认发生在孩子身上的事件。

认清状况之后，父母还要确认孩子的状态，包括心理状态和身体状态。就算身体上没有遭到性侵害，也一定是疼痛的。因为身体可能会因为心理压力而快速垮掉。从消化障碍、失眠等小问题到性病感染、妊娠等需要去医院就诊的问题，都要逐一确认。

准备解决问题

如果已经了解了情况，就该解决问题了，不过，不要立刻开始，最好提前做足准备。毫无准备地开始，解决过程可能会变得复杂。

首先要下定决心。曾有人说，如果一个人遭受了性暴力侵害，会受到很大冲击，失去判断能力，产生错觉。不过，这并不是事实。不论受害者还是父母，都有足够的能力解决问题。

安慰内心，相信自己一定能够解决好。最了解事件的不是律师、检察官，而是受害者本人。因为警察也要通过受害者的陈述来进行调查。

我参与过不少案件，在旁目睹过解决过程。事件的解决方向与速度会根据受害者的意愿而有所不同。虽然辩护人、身边人担当着重要角色，最重要的却是受害者本人。父母应该帮助孩子不要因为外部原因而失去自己的意志或者直接放弃。父母应该在身旁支持孩子，帮助受到伤害的孩子按照自己的方式解决。

接下来，就要整理一下孩子想要的是什么。毫无准备与想法，一味地想要报警，并不是一种理智的做法。因为解决方法会根据孩子的意愿而有所不同。处罚施害者、开除施害者、接受赔偿等，考虑一下孩子的想法至关重要。

专注于孩子的解决目标，可能是改变所属集体的文化，也可能是从施害者那里得到补偿。父母应该尽力促成孩子想要的解决目标。

不过，最重要的是父母心里的解决目标。很多父母集中于开除施害者，使其接受法律制裁，反倒忽略了孩子受伤的内心。长时间集中于惩罚施害者，就会忽略孩子的优先地位，却又认为这是"为了孩子"，意识不到这种方法根本保护不了孩子。

事件解决的真正目标是孩子的康复。最重要的是，孩子的身心恢复健康，回归日常生活。没有什么可以胜过孩子的安宁与健康。父母应该帮助孩子按照自己的意愿解决问题，同时不能忽略孩子的康复。

确认证据

性暴力与其他犯罪不同，证据非常重要。大多数证据会在短时间内消失，变得不够清晰。因此，确认证据是第一步。从前往性暴力咨询中心进行咨询到法院执行判决，这些证据都会有很大的帮助。

咨询专家

每年都会有很多人接受火灾逃生训练、应急处理训练，实际遇上灾难时依然无法合理应对。更何况我们没有学过性暴力预防训练，又怎么可能完美处理性暴力呢？

因此，接受专家的帮助是十分必要的。相关机构可以提供受害者调查、法律咨询、医疗资助、心理咨询等服务。

集中于康复

如果案件处理结果可以如愿当然是最好的，但结果却可能与目标有所差别。不论结果如何，都不算是一种失败，这也不是我们的错。因为我们已经在每个瞬间尽了全力。一定要激励和称赞自己，辛苦了！

最后，还要确认一下父母与孩子的状态。接下来的一段时间，就要集中于康复了。短暂休息是一种不错的选择，外出旅行或者通过游泳、瑜伽等运动项目活动一下身体也可以。

聆听孩子讲述时，需要注意的问题

录音

孩子讲述事件经过时，父母一定要录音。不论听得多么认真，也很难记住所有的细节。而且，孩子第一次谈起受害时的内容，十分有助于父母了解性暴力事件。

不过，由于录音资料不是正式陈述，在法庭上很难作为证据使用。因此，如果决定诉诸法庭，就不要询问过多细节，而是考虑孩子的感受，以安慰为主。

在调查过程中会有陈述录像，不必担心证据资料，父母要告诉孩子这一点。开始调查之后要进行录像，询问具体细节。这是调查的必要过程，如果感到为难，可以不必回答。

安全的聆听场所

父母应该帮助孩子创建可以放心地讲述事情经过的环境。第一次谈起受害经历，最好在孩子感到最舒适和安全的场所。即便是在家里，也要选择孩子感到最舒适的地方进行交谈。再者，避免全家人一起旁听，建议只有让孩子感到最放松的家人在场。

冷静地聆听

大多数情况下，一个人在受惊之后会出现不良反应。父母对施害者感到十分愤怒，或者陷入恐慌，孩子都会因此感到十分不安。父母应当以冷静的态度，等待孩子结束讲述。孩子结束讲述之后，父母要对此表示共情，安慰孩子。"爸爸听了你的讲述，非常伤心。你受惊了吧？真的很感谢你愿意告诉爸爸。爸爸尽早知道了实情，真是万幸。"

开放式提问与具体提问

为了正确了解事件，需要进行各种提问。如果追问孩子不能正确回忆起的部分，或者进行一些确定的提问，就会干扰孩子的讲述。"班主任说的吗？""隔壁班的孩子说的吧？""把手伸进你的裤子里了吗？"不要进行这种轰炸式的提问，而是应该耐心地等待。比起这种封闭式的提问，开放式的提问可以帮助孩子正确讲述。

因为必须正确了解事件，难免会问及具体的日期和时间、反复次数等。"第一学期也有过这种事对吧？""记得是什么课之后吗？""当时身边有几个朋友？"可以像这样询问重要的具体时间信息。如果决定诉诸法律，也可以省略这个环节。

整理状况

结束谈话之后，就要整理状况。此时重要的是，告诉孩子这不是孩子的错，这是性暴力。"这个失误很不好。""他这个玩笑开过头了。"不要以这种方式敷衍过去，而是要正确告诉孩子："他没有尊重你的感受和身体。这是性暴力，是一种完全错误的行为。"

小学生也在学校接受过性暴力预防教育，对性暴力有一定程度的了解。不过，如果孩子感觉父母有意遮掩性暴力，对此感到不适，就会在解读事件时产生消极想法。

整理状况之后，询问一下孩子想要的处理方式。解决事件时，优先考虑孩子的想法。父母要帮助孩子自主决定如何处置施害者。

最后，要对孩子的感受共情，感谢孩子鼓起勇气讲出事实，并承诺一定会尽力按照孩子的意愿解决这件事。在事件解决之前，父母会一直陪伴在旁，如果有需要，家人和其他人都会提供帮助。

确认证据的方法

记下所有可以回忆起来的细节

施害者的信息：身体特征、着装、发型等。

时间信息：根据"六何原则"*整理事件信息。可以回忆起来的与回忆不起来的分开整理和记录。不要使用"好像……"这样的表达，记录的句子要准确。如果做出了反抗，要记录下反抗方法（大声呼喊、抓挠等）。

备份施害者的陈述证据

被害前后与施害者的联系内容全部截图。

体现事件情况、被害事实等的信息截图，应包含日期与时间。

如果和对方取得了联系，不要询问事件，而是要以事件为前提进行交谈。"你上次对我实施性暴力了吧？"（不要这样

---

* 新闻报道的六个基本要素，即何人、何时、何地、何事、如何、为何。

问)"上体育课的时侯,你摸了我的屁股,我非常生气。"(这种交谈更有利)

保留身体证据

如果有身体伤害,不要洗澡,直接去性暴力专业医疗机构。

受害者当时穿的衣服不要随意抖落,放进纸袋里保管。

为身上的伤口拍照。

去医院就诊,保管好诊断书。

孩子的朋友遭遇了性暴力

不久前,我在为初中学生家长讲课时,听到了一个倍感震惊的故事。学生父母们亲自组织并申请了这次课程,这令我略感意外。果不其然,他们是因为听说孩子的朋友遭遇了性暴力才申请的。然而,他们却在课堂上表示出对受害者的责备之意,体现了我们之前讲过的性暴力传统观念。

小学与中学经常会发生性暴力事件。同龄人之间的玩笑、性捉弄等,其实都属于性暴力。这种所谓的"玩笑",可能会引发更严重的性暴力。

然而,很多父母就算听说了这种性暴力事件,也不知道如何解决,或者由于对性暴力持有错误认知而犯下错误。这不仅是对受害者,对自己的孩子也是非常危险的。因为孩子看到父母的反应,也会产生同样的想法,向受害者问责,强化对受害者的偏见。最终,容忍性暴力的文化继续肆虐。我们不该这样做。

如果身边出现了性暴力受害者,我们很难站出来积极干预,而且并不一定非要这么做。但是,我们的态度会对事件的解决和受害者的恢复产生影响。受害者如果听到周围有人发表了什么不合适的言论,受到的冲击和伤害不亚于事件本身。如果身边没有人支持自己，受害者可能在事件开始解决之前已经失去信心。

不过，假如有人坚定地支持自己，可以消解受害者的自责心理，帮助受害者在解决过程中克服困难。各位父母与孩子了解到孩子朋友的性暴力受害事实时，一定要成为支持者。这不仅是为了受害者，对我们的文化与子女教育也是有益的。

如果得知孩子的朋友遭遇了性暴力侵害，我们应该做些什么呢？大部分父母都是从孩子口中得知的，这种情况下，父母应该首先安抚孩子的内心，然后向孩子说明性暴力是侵犯性自主权的一种暴力犯罪行为。不要将受害事件看作一件普通的性事，或者指责受害者。

再次回顾一下我们前面说过的性暴力传统观念，检查一下自己和孩子是否依然保留这种错误的传统观念。我们有可能会与受害者针对事件进行交谈。此时，我们的一个小失误可能会给受害者留下痛苦的回忆。

再者，父母要教育孩子不要向他人随意传播相关事实等，以免给受害者造成二次伤害。父母还要告诉孩子，在社交媒体等网络平台传播与受害事件相关的内容不仅是犯罪行为，也是不考虑受害者的行为。

不过，最重要的是受到侵害的那位朋友。如果和受害者在一起，请支持受害者，安抚她或他。"你吓到了吧？这不是你的错,绝对不是。我们都会帮助你,按照你的意愿解决。"

各位父母一定要像这样尽最大努力保护和支持孩子的朋友,绝对不能指责受害者。"你当时应该小心一点。你的人生现在可怎么办才好?不要告诉其他人。"这种话会令受害者更加受伤。我们应当帮助受害者安心康复。

不指责受害者,任何时候都可以提供帮助,这种做法是一股巨大的力量。不过,我们还可以更主动地帮助受害者。当然,根据受害者解决问题的意愿,周围的人可以做的事情也不同。

如果受害者要通过法律手段解决,我们就无法提供什么直接帮助。不过,如果受害者希望通过舆论或者所属单位(学校、培训班)内部解决,我们可以成为积极的支持者。监督解决委员会的处理过程,施加压力等。

还有,可以努力改变学校、培训班等的文化。如果有人指责受害者或者传播与事件相关的错误信息,一定要坚决指正。事件解决之后,还可以提出性人权教育。

最重要的是支持受害者。除了各位父母,还应动员孩子一起参与进来。每位受害者在性暴力事件中的感受和受到的伤害、想要的解决方式都是不同的。遵循受害者的意愿是最大的帮助,所以一定要考虑受害者的需求。

性暴力会留下很深的伤害,却也不是不可恢复的。各位读者请成为坚实的支持者,帮助受害者鼓起勇气,积极解决事件。

通过学校解决性暴力问题的方法

2018年，韩国Metoo运动掀起热潮，从校园扩大至全国。校园性暴力问题的严重性受到重视。韩国教育部对此发表了学校内部性骚扰、性暴力应对措施。参考这些应对措施，有助于通过学校解决性暴力问题。

所谓校园性暴力，顾名思义，指学校内部成员之间未经对方允许的性言行。在韩国，这种情况虽然不属于刑法中的性暴力，却也可以根据相关法律进行保护和处置。

就算受害者或施害者不希望报警，学校也必须申报性暴力案件。儿童保护机构与教育机关工作人员有义务进行申报，并根据性暴力应对措施尽最大努力解决案件。

发生校园性暴力时，监护人必须注意的问题

如果发生了校园性暴力，校长与教职员必须根据应对措施进行处理，以保证监护人或者受害者可以站出来解决或者没有附加伤害。不过，就算是这样，也有必要对解决过程保持关注，确认后续处置是否合理推进。记住以下几点，有助于解决

校园性暴力问题。

受害者紧急安全处置

确认受害事实之后，可以要求施害者在校内与受害者隔离。如果受害者愿意，还可以调换班级。就算不换班级，也可要求在同一个教室的座位保持距离。遵循受害学生的意愿，合理处理。如果施害者是教师，可以予以开除。

如果有需要，学校应该引导受害学生接受专业医疗机构的协助。紧急护送或者去受害者支援中心进行咨询时，应由保健教师或者同性教师同行陪伴。同行教师要向学生说明将在医院接受的治疗，安抚受害者的内心。

如果受害学生因治疗、评估、案件调查等造成缺勤、早退等情况，学校必须予以许可。

事件处理

事件发生之后，一定要立刻报警，配合警察调查与学校调查。调查结果与过程必须如实通报给监护人。组建校园暴力应对自治委员会与引导委员会，并进行书面通知。自治委员会原则上必须在14日以内组建，也可因警察调查或明确理由进行延期。

施害者处理

在引导委员会、校园暴力应对自治委员会等对施害者的审查之下，决定对施害者的处置措施。引导处置应在14日内进行，而且必须录入学校生活记录簿。与受害学生一样，联系专业机构，对施害者和监护人提供咨询和教育。决定处置并推进的过程中，要尽力遵循受害学生提出的方案。例如，受害者和监护人可以自主选择心理咨询机构。

处置加害学生：书面道歉、禁止接触受害者与报案者、社会服务、特别教育、禁止出勤、心理治疗、调换班级、转学、退学。

处置加害教师：书面道歉、停课、停职、特别教育、禁止接触受害者与报案者、校长警告、人事处理等。

校园性暴力二次伤害清单

学校内部针对事件发表不必要的言论或者开玩笑。
只想学校内部自主解决。
学校内部指责受害者。
纵容受害者与施害者的协商或者和解。
给受害者施加转学压力。

让受害者承受升学、考试等学业损害。

孤立受害者、对受害者实施语言暴力等。

受害者要求的权利（出勤、与施害者空间隔离等）未能得到保障。

泄露事件相关信息与秘密。

通过法律手段解决性暴力问题的方法

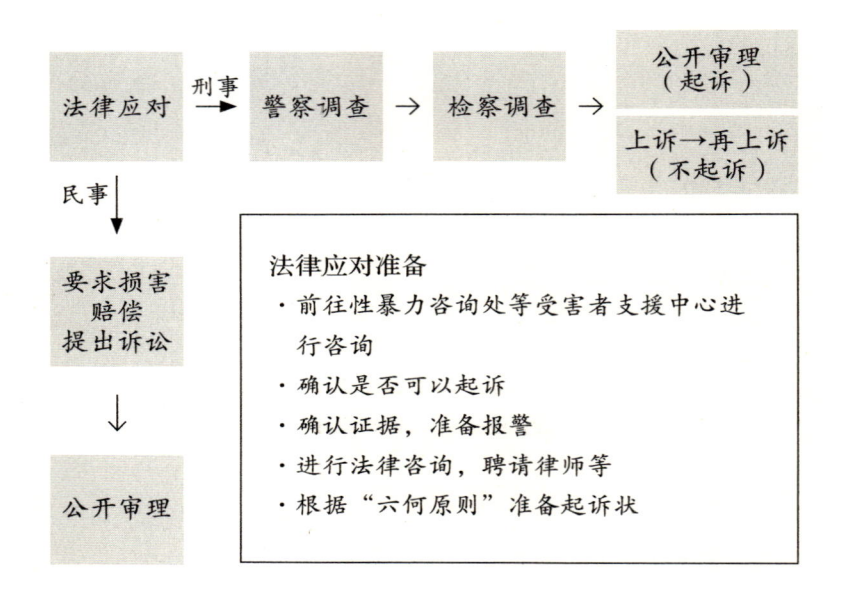

```
                    刑事
  法律应对  ──────→  警察调查  →  检察调查  →  ┌─ 公开审理
     │                                          │   （起诉）
  民事│                                          │
     ↓                                          └─ 上诉→再上诉
  要求损害                                          （不起诉）
  赔偿
  提出诉讼
     │
     ↓
  公开审理
```

法律应对准备
- 前往性暴力咨询处等受害者支援中心进行咨询
- 确认是否可以起诉
- 确认证据，准备报警
- 进行法律咨询，聘请律师等
- 根据"六何原则"准备起诉状

  如果决定通过法律手段解决，首先要确定是否受到了法律上的侵害，因为并非所有的性暴力都会受到刑事处分。再者，在韩国，如果施害者是未满13周岁的儿童，也很难接受刑事处分。

  如果通过法律手段进行解决，除了需要支付诉讼费、律师费等，解决时间也会变长。不过，可以通过法律证明受害，也会有一定的心理安慰。通过民事诉讼可以得到受害补偿。施害者得到处置，可以减少受害者的心理痛苦。

如果决定诉诸法律，一定要接受性暴力受害者支援机构或者律师的法律咨询。这不仅有助于确认证据、准备起诉状，操作过程也更加专业。可以提前准备调查、审判，减少不可预料的麻烦。

法律手段解决的利弊

优点

- 法律的强制性对施害者具备一定威力
- 通过民事诉讼，获得受害补偿
- 通过刑事诉讼，受害事实得到法律认可
- 依法处置施害者

缺点

- 解决过程复杂，耗时长
- 难以证明受害
- 聘请律师等费用昂贵
- 可能会遭到对方的反诉诬告罪、损害名誉罪等
- 如果败诉，受害者可能会心灰意冷

法律上的性暴力犯罪

强奸与强奸未遂	强奸	强制（暴力、胁迫）插入性器官的行为
	特殊强奸	手持凶器等威胁性物品或二人以上的强奸
	疑似强奸	性器官插入口腔、肛门等部位，或用手指等身体部位插入对方性器官的行为
	准强奸	强暴智力丧失者或者无反抗能力者
	强奸未遂	试图强奸，未达目的
强制猥亵	强制猥亵	没有插入的强制接触行为
	准强制猥亵	猥亵智力丧失者或者无反抗能力者
	公众密集场所内猥亵	大众交通工具、演出现场、集会场所等公众密集场所的猥亵行为
电子设备性犯罪	利用通信媒介的淫乱行为	以引发或满足性欲为目的，通过电话、邮件、网络等通信媒介传播引发羞耻心、厌恶感的言论、音像、文字、图片等物品的行为
	使用相机等设备拍摄	使用照相机等具有相似功能的装备，拍摄可能引发性欲或羞耻心的他人身体部位，或者将相关拍摄物进行传播、售卖、租赁、提供以及公开展示、上映等行为，以营利为目的的传播行为
性骚扰	利用职务之便的猥亵	通过等级、权力等猥亵因业务、雇佣等关系需要自己保护、监督的人
	性骚扰（两性平等基本法）	利用职位或者业务关系等，向对方提出性要求等引发对方性屈辱感或嫌恶感的行为 由于对方不回应性方面的言行与要求而损害对方的利益，或者表示以性为条件给予对方好处的行为

准备诉讼

所有咨询和准备工作结束之后，现在就可以起诉了。起诉是向调查机构申报被害事实，申请法律判决。如果受害者是儿童，可由父母、教师等第三者代为申诉。

准备起诉状时，一定要在性暴力咨询机构或者律师的帮助下进行。由于大多数人没有写过起诉状，专家的帮助十分必要。只有起诉状写得足够专业，调查和事件才能得到圆满解决。提交起诉状时，证据也要一起提交。

起诉之后，警察、检察机关会启动相关调查。先是警方调查，然后是检方调查。调查的同时会进行具体的询问，受害者需要信赖人士陪同，家人、咨询人员、教师等，受害者信赖的人都可以。陈述会进行录音，防止反复调查。如果受害者不愿意，可以拒绝。

警察调查结束之后，会将调查记录送往检方。如果有向检方特别传达的事项，可以提交请愿书或者追加证据等资料。尤其是请愿书，会对判决有所帮助。虽然不能作为身体证据，却可以填写经历被害事件的心理困难等，除了受害者，家属也可以代为填写。

检察机关的调查结束之后，即可决定是否起诉。起诉是指确定嫌疑人（施害者）的嫌疑，提交审判。不起诉是指，证据不足或者判定为无罪并结案。这种情况下，可以通过上诉提出异议，被驳回时还可以申请再上诉。

调查过程中的二次伤害清单

听到指责或者问责的言论。

问及受害者平时的品行或者以前的性经验等。

调查人员态度不佳或者施压。

受害者提出的要求（信赖人员陪同、录音或摄像陈述等）未能得到保障。

考虑施害者的立场，予以撤诉或者施压和解。

未经受害者同意，向他人或者媒体传播个人信息或者案件相关信息。

父母也要照顾好自己

孩子遭遇了性暴力，父母寻找各种资料，四处奔走，极力解决案件。然而，努力却未必有结果。施害者未受到应有的处罚，或者证据不足而困难重重。如果孩子难以康复或者依然痛苦，父母会更加心灰意冷。全家人会因此承受很大的伤痛，情况越来越艰难。

然而，大家需要明白的是，不论结果如何，我们真的已经尽力了。父母已经为保护孩子做出了最大努力。读过这本书的父母，我相信一定已经尽力了。因此，不要自责或者后悔，多多鼓励自己和孩子。

父母无法解决所有问题，所以性暴力领域才会出现各类专家和支援制度。就算动员所有协助受害者的支援制度和专家，依然有很多问题无法解决。就算是处理了几十年性暴力事件的专家，也有无可奈何的时刻。父母又怎么可能解决所有问题呢？

就算进行了司法解决，孩子的健康和心理状况也可能会维持原状。情况也可能恰恰相反。父母无法解决这些问题，父母并不是全能的。父母也和孩子一样，有过青春年少的时光，却是第一次做父母，第一次成为受害者或者施害者的父母。

因此，必要时请积极寻求专家和周围人士的帮助。请相信并向性暴力支援机构寻求帮助。他们会竭尽全力帮助各位父母和孩子。同时，父母也有必要前往心理咨询中心，和孩子一起接受治疗。

首先，父母无法解决所有问题，应该放下这个心理负担。整理焦躁与不安的心情，就算事件无法完全解决也没有关系。受到性侵害，总有一天会恢复的，肯定会好的。

不论多么辛苦，重要的是不要失去日常生活。当然，如果太辛苦可以短暂休息一下，却不要完全放弃日常生活。如果放下所有的日常生活，只集中于事件本身，此后就需要花费很大的力气来适应生活。因此，请务必注意，不要抛开公司、学校、家庭活动等所有的日常，过度集中于性暴力事件。

不论事件的解决过程与结果如何，各位父母和子女都已经非常辛苦。希望大家彼此安慰，一起前行。父母和当事人都无法解决所有问题，千万不要忘记这一点。

附录

性教育术语解读

为了帮助各位父母与孩子顺利对话,在此对各种性教育术语做出说明。不必再苦恼!如果孩子问起来,参考这些说明即可轻松解答。

强奸 以暴力、胁迫的形式强制插入性器官的行为。

界限 他人无权侵犯的个人专属空间。任何人无权随意触碰我们的身体,未经我们的允许也不能随意靠近。这就是所谓的界限。这条界限存在于我们的心里,看不见摸不着,别人在进入之前却必须首先经过我们的允许。比如,向别人展示身体,或者谈起与身体有关的事情等。

约会暴力 暗生情愫却未正式交往、正在交往、已经分手等各种阶段的暴力。并不一定是在约会时殴打,或者约会时的暴力才是约会暴力。

同性恋 同性之间的爱情。男性对男性、女性对女性感觉到性魅力。同性之间恋爱的人称为同性恋者，男性同性恋者称为Gay，女性同性恋者称为Lesbian。

梦遗　附睾储存的精液在睡眠中排至体外的行为。这是青春期的身体变化特征之一。

无性恋　对任何人都没有性欲，或者对性毫无兴趣的人。

勃起　男性的阴茎充血变硬。尿急或者受到刺激时，就会充血变硬。

性别固有观念　认为女性、男性的态度、感受、行动方式、职业、着装等应该符合性别要求。比如，男性应该勇敢，女性应该亲切，或者女性穿粉色、男性穿蓝色等。

性病　通过性爱或者其他性方面的接触、行为等被他人传染的疾病，主要通过细菌、病毒等传染。任何人都有感染性病的可能，如果怀疑自己患上性病，应该及时去医院就诊。

性别歧视　区别对待不同性别的行为。比如，女生不能踢足球，男生不能穿裙子等。

猥亵　单方面强制侵犯他人的界限，发生身体接触。

性别平等　不因性别不同而区别对待，所有人机会均等、权利共享。

性暴力 任意践踏他人界限的行为。违背对方意愿，触摸或者谈论对方的身体等。除了肉体方面，通过言论、视线、氛围等令对方产生性方面的不适，都是性暴力。

性骚扰 属于性暴力的一种形式，却又略有不同。特指在公司上级对下级的性暴力。因此，这种行为侵犯了他人的界限，增加了职场生活的难度。

性爱 属于身体接触的一种。此时会用到各自的性器官。有的性爱是为了妊娠，有的性爱是为了彼此的愉悦。

亲密接触 彼此皮肤触碰的爱情表达称为亲密接触。牵手、拥抱、接吻或者摸肚子等都在此类。

双性恋 对女性、男性都可以感觉到性魅力的人，即对两种性别都可以产生爱情。

月经 子宫在青春期发生的变化之一。左右两侧卵巢交替排出成熟的卵子，每月一次。妊娠时负责提供营养的子宫内膜与死去的卵子通过阴道排至体外，就是月经。来月经时，可能会肚子疼或者腰疼，一般持续3~7天。

月经用品 来月经时使用的物品，包括卫生巾、卫生杯、卫生棉条、卫生裤等。每个人喜欢的卫生用品不同，选择适合自己的就可以。

阴茎　男性的性器官。从现在开始，不要再说"小弟弟"，而是要使用正确的术语。阴茎末端被皮肤包裹的部分叫作龟头，阴茎下方的两个囊状物叫作阴囊，阴茎末端排出尿液的出口叫作尿道口。

淫秽物品　表现性活动、刺激性欲的视频，或者照片、电影、小说、图画等，我们通常会称之为色情片。

阴部　女人的性器官。不要再说"小妹妹"，正确地称之为阴部吧。外部较大的部分是大阴唇，内部柔软的部分是小阴唇。小阴唇内部还有阴蒂、尿道、阴道。

异性恋　彼此性别不同的人之间的爱情。不同性别之间彼此产生性欲，或者感受到性魅力，也就是女性和男性之间的爱情。

妊娠　子宫里怀上小宝宝。男性的精子与女性的卵子相遇，发育为受精卵。受精卵在子宫着床，就是妊娠。胎儿在母亲子宫里经过约280天的成长，足够大之后就会出生。

自慰　心情不佳时听一听喜欢的音乐或者自我安慰，都称为自慰。不过，我们现在所说的自慰，是指为了缓解性兴奋或者性欲而触摸自己的阴茎或阴部以自我取悦的行为。

社会性别（gender）　社会性别与身体性别（sex）不

同，是指人们规定的性别，即对女性与男性的想法、差别等。比如"女人就要穿粉色"，这种说法就是受社会性别的影响。

性别暴力 "性暴力"的另一种说法。不过，性别暴力并不是单纯的暴力，而是用于解释女性遭遇性暴力的原因。性别暴力是指与性别有关的氛围、文化、习惯等引发的暴力。

避孕套 一种避孕工具。与橡胶手套材质相同，外表涂有润滑剂。像穿袜子一样，套在男性的阴茎上，可以防止精子进入女性的体内。

阴蒂 阴蒂位于女性阴唇的顶端，可以感受到性刺激。刺激阴蒂，阴道就会变得湿润而柔软。只有这样，发生性关系时才不会受伤。人类的身体真的系统而神秘吧！

接吻 向喜欢的人表达爱意的方式之一。在国外，表示问候或者尊敬时也会亲吻手背或者脸颊。你记得和我们一起看过的电视剧吧，两位主人公亲嘴了嘛，那就是接吻。

女性主义 为了争取女性与男性享有同等权利和机会而进行抗争的社会运动，以及与此结合的相关理论。女性主义认为，男性在历史上独享了过多权利，女性受到了压制。女性主义运动旨在保障女性从前因为性别关系而被剥夺的权利，以及帮助男性摆脱那些过去别无选择的事情。比如，男性伤心时可以哭，女性可以踢足球等。

女性避孕套　女性使用的避孕套。男性的避孕套可以套在阴茎上，女性的避孕套则塞到阴道里。和男性避孕套一样，都是为了防止精子进入阴道。

避孕　避免意外妊娠的方法。典型的避孕方法有使用避孕套、服用避孕药等。

图书在版编目（CIP）数据

写给父母的第一本不尴尬性教育指南 /（韩）卢河延，
（韩）申渊淀，（韩）李水智著；谢恭霓译. -- 北京：
北京联合出版公司，2022.10
ISBN 978-7-5596-6273-6

Ⅰ. ①写… Ⅱ. ①卢… ②申… ③李… ④谢… Ⅲ.
①性教育—家庭教育—指南 Ⅳ. ① G479-62 ② G78-62

中国版本图书馆 CIP 数据核字（2022）第 111703 号

北京市版权局著作权合同登记　图字：01-2022-2927

부모의 첫 성교육 ⓒ 2019 by Text by 노하연 (noh ha yeon), 신연정 (shin yeon jeong), 이수지 (lee suji)
All rights reserved
Translation rights arranged by Kyunghyang Media
through Shinwon Agency Co., Korea and CA-LINK International LLC
Simplified Chinese Translation Copyright ⓒ 2022 by Beijing Goodreading Culture Media Co., Ltd.

写给父母的第一本不尴尬性教育指南

作　　者：（韩）卢河延　（韩）申渊淀　（韩）李水智
译　　者：谢恭霓
出 品 人：赵红仕
责任编辑：孙志文
装帧设计：朱　琳

北京联合出版公司出版
（北京市西城区德外大街 83 号 9 层　100088）
嘉业印刷（天津）有限公司印刷　新华书店经销
字数 165 千字　880 毫米 ×1230 毫米　1/32　9.5 印张
2022 年 10 月第 1 版　2022 年 10 月第 1 次印刷
ISBN 978-7-5596-6273-6
定价：49.80 元

版权所有，侵权必究
未经许可，不得以任何方式复制或抄袭本书部分或全部内容
本书若有质量问题，请与本公司图书销售中心联系调换。电话：（010）82069336